U0106980

民主以外

關於民主的 13 個問題

民主以外

關於民主的 13 個問題

法蘭克·卡斯騰
(Frank Karsten)

卡洛·貝克曼 著
(Karel Beckman)

王弼 譯

商務印書館

民主以外 —— 關於民主的13個問題

作　　者：法蘭克·卡斯騰 (Frank Karsten)　卡洛·貝克曼 (Karel Beckman)

譯　　者：王　弼

責任編輯：張宇程

封面設計：楊愛文

出　　版：商務印書館 (香港) 有限公司
　　　　　香港筲箕灣耀興道 3 號東滙廣場 8 樓
　　　　　http://www.commercialpress.com.hk

發　　行：香港聯合書刊物流有限公司
　　　　　香港新界大埔汀麗路 36 號中華商務印刷大廈 3 字樓

印　　刷：美雅印刷製本有限公司
　　　　　九龍官塘榮業街 6 號海濱工業大廈 4 樓 A 室

版　　次：2015 年 7 月第 1 版第 1 次印刷
　　　　　© 2015 商務印書館 (香港) 有限公司
　　　　　ISBN 978 962 07 6566 7
　　　　　Printed in Hong Kong

序 一

　　有人主張，香港的命運應由香港人自決。這句話聽來很漂亮，但想深一層卻發現，有一些基本的問題不易解決。

　　個人的問題比較容易自決，因為不涉及他人。所以個人與自決之間不會有矛盾。但一個地方有這麼多人，不同的人會有不同的取向，如何才算自決呢？

　　現時流行的方法，是透過民主程序，去取得多數人的意見，然後要少數人服從多數人的取態。這實質上是把多數人的意見強加在少數人的身上，被迫接受多數意見的人，會覺得自己在作自決嗎？當然不會！民主只是令多數人對少數人的強制變成合法化吧了。投票的結果，實質上剝奪了少數人的自決權。從這個角度來看，羣體與個人自決之間存在着基本矛盾。

　　如果被剝奪的自決權並不重要，譬如只是讓一個自己不屬意的人多做幾年區議員，那就忍幾年算了。但如涉及宗教自由與民族意識，少數人不一定會接受多數人的選擇。所以，很多時候，民主投票有結果的一刻，就是社會紛爭爆發的開始。原因就是民主必然會影響某部分人的自決。

因此，我一向主張，社會應該包容，這樣才可以提供更多的空間供個人自決。如果一定要佔領道德高位，認為自己的一套才是真善美，別人的都是假醜惡，非要投票決定誰是誰非不可，那社會的矛盾只會激化，再也無法調和。

香港有一部分人，誤以為有了民主，人民就可以自決，社會矛盾就可得到有效解決。其實民主只是一種強行為社會作決定的方式。如果在不適當的時候，選擇不適當的議題，強行要社會作公投，只會把社會矛盾激化，把社會引向撕裂，最後甚至會發生動亂。泰國與埃及發生的情況，正好説明，民主並非解決社會紛爭的必然有效方法。

因此，我們在處理社會問題時，不能只迷信公投，有時亦得利用協商，進行妥協！這樣社會才會和諧，人民才有安穩的日子過。但現在社會上有一部分人，經常譏笑和諧的主張，把妥協視作出賣，拒絕對不同的意見與行為採取包容的態度，這只會把社會引向撕裂，並非一般市民想見到的香港發展方向。

社會問題非常複雜，需要智慧去解決。但民主所用的卻是簡單的數人頭的方法，重量不重質，公平有餘，智慧不足，早已證明是一種有缺陷的制度。所以我不迷信"民主神殿教"，更反對民主原教旨主義。

香港的民主派如果願意開放一點，敢於讓自己的信念接受衝擊的話，我建議他們去看一本書，叫做 *Beyond Democracy*，由 Frank Karsten 及 Karel Beckman 撰寫，香港獅子山學會前任行政總監王弼已把它翻譯成中文。

施永青

中原地產創辦人兼董事

序 二

　　關於民主，大概最常被引用的一句格言該是出自邱吉爾的名言，就是當排除了所有其他最差劣的模式後，由民主組成的政府是最差勁的政府。這句即興的話造成之破壞難以估計。它何止在推銷民主制度——既然沒有更好的替代品，大家對民主制度優劣的討論也就顯得不必了。這句話一口氣排斥了其他制度，其威力之大可以從任何民主國家裏沒有人公開質疑民主的情況可以看出來。但就算你公開質疑，要引發有關民主的理性討論亦似乎不大可能，因為絕大多數人都接納了邱吉爾的言論，並假設了不可能有更好的制度。因為民主制度是目前西方信念系統的一部分，不僅在尋求更好制度的討論被封閉，就算任何改善目前制度的嘗試都變得事倍功半。當有人提出民主政府低效無能的證據時，大多數人只會隱晦地聳聳肩，然後換一個話題，彷彿在暗示任何一個由人組成的體制必然會有缺陷，但民主帶來的好處相對其不能避免的瑕疵，當然值得我們體諒。當然，由於這些"好處"被假定是不言而喻的，因此，不僅應全盤接受這些瑕疵，而且也不必詳細明證那些假定的好處。

縱使民主在全球的政治論述有着崇高的地位，加上某些國家經常以武力手段企圖為一些仍未享受到民主"好處"的國家"帶來民主"，但有關民主制度優劣的批判分析卻少得令人驚訝。這並不是説作這樣的分析很困難，而是人們認為沒有這個必要。你手中這本簡而精的小書，展示只要有一點點清晰的思路，便會發現民主所帶來的好處不止是鏡花水月（"假民主"，是嗎？），而且民主體制以外的選擇並非人們常常認為的獨裁專政，而是自由。

支持民主的人，在企圖説服你接受民主體制會產生最優良的政府時，都會打出一張"很多人都把民主聯繫到自由"的王牌。而這本書正正表明情況剛好相反。民主制度不會促進自由，反而會透過聲稱符合"公眾利益"來限制自由。很多時沒有人會為何謂"公眾利益"來爭辯，亦不會為其作出定義。正如本書作者卡斯騰和貝克曼所説，最危險的一個詞語就是"我們"。它通常與"應份"、"應該"或"必須"等詞語聯繫起來。這個詞語企圖引導讀者或聽眾，為着"公眾利益"，"集體"的意志"必須"凌駕於個人之上。事實上，"我們"只代表社會上有支配能力的一羣，讓他們把個人意願強加於別人之上時顯得合理。

在上世紀，最令人震驚的和最赤裸裸地把"集體"這個政治意圖強加於個人之上的勢力（即納粹德國和前蘇聯），在人類付出巨大的代價後被擊敗。今天，集體主義思想被悄悄地推行，情況就更加具威脅。許多活在民主國家裏的人，不是他們在知情下被剝奪自由，他們不單止發覺到自由已失，反而更積極爭取讓這樣的事情發生，因為現在"我們都是民主派"了。為了"公眾利益"，我們有責任把自己的意願強加於別人之上。

在所有國家都擁抱民主，人民都在此畸型的現代政治童話世界裏快樂地生活的同時，作家福山方濟（Francis Fukuyama）把民主喻為"歷史的終極"。親愛的讀者，如果這本小書能激發你質疑這樣的一個"歷史的終結"，它將會帶給人類莫大的裨益。

王弼把這本書翻譯成中文，也是一種很大的貢獻。在西方，幾乎完全沒有人挑戰民主制度所聲稱的優點，但在東亞地區，中國內地、香港、台灣、新加坡、日本、馬來西亞和區內許多其他國家經歷了相對波折的政治發展，對傳統的西方政治模式帶來了真正的挑戰。希望讀者可以開放思想，參與這個重要的討論。

卡斯騰和貝克曼的這本入門書可幫助我們建立對民主議題的獨立思考，也防止現代民主狂熱就此塞進我們的腦袋，叫我們照單全收。

蘇兆明
英國商會總務委員會前主席

序二英文原文：

Probably the most frequently quoted aphorism about democracy is Churchill's comment that it is the worst form of Government except for all the others. The damage done by this throwaway remark is hard to overestimate. It does much more than promote democracy as a form of Government. By suggesting there can be no better alternative, it also shuts down any discussion of its merits. The effectiveness of this dismissal of other systems can be demonstrated by publicly questioning democracy in any democratic country. If you do so, you will be unlikely to trigger a rational discussion about the matter because an overwhelming majority of people have taken Churchill at his word and assumed there can be no better system. Because this is now part of the western belief system, not only is the search for alternatives shut off, any attempt to improve the current system is weakened. When presented with evidence of the ineffectiveness of governments in democracies, most people metaphorically shrug and move on, as if to imply that there are bound to be flaws in any human enterprise but the benefits are of course worth the inevitable rough edges. Of course these "benefits" are assumed to be self-evident. Accordingly, not only are the flaws uncritically accepted but the assumed benefits go unexamined.

Given the high status of democracy in global political discourse and the aggressive actions frequently taken by states seeking to "bring democracy" to nations that do not enjoy its "benefits", it is astonishing that critical analysis of its merits is so rare. It is not that such analysis is difficult; it is simply regarded as unnecessary. The slim book in your hands demonstrates how a little clear thinking can reveal not only that the supposed benefits are illusory ("false democracy" perhaps?) but also that the alternative to democracy is not dictatorship, as is frequently assumed, but freedom.

In the hope of persuading you that democracy is the best form of Government, the trump card played by its proponents is the identification in so many minds of democracy with freedom. As this book shows, the opposite is true. Democracy operates not by promoting freedom but by restricting it, wherever it is claimed to be in "the public interest" to do so. The identification of the supposed public interest also usually goes un-argued, indeed frequently undefined. In any discussion of it, as Karsten and Beckman note, the most dangerous word to look out for is "we". This is usually associated with the exhortations "ought", "should" or "must". It attempts to draw the reader/listener in with the idea that the will of the "collective" "must" be imposed on individuals for the "public good". The "we" is the dominant collective who seek to justify the imposition of their agenda on everyone else.

During the last century, the most egregious and overt forms of imposition of "collective" political will on individuals (Nazi Germany and the Soviet Union) were defeated, at great cost. Today, it is the covert form of the imposition of collectivist ideas that is much more threatening. Rather then being conscious of their loss of freedom, many individuals in democratic states are not simply unconscious of that loss, but actively clamour for it, because "we are all democrats" now. It has become our duty to impose the agenda of our group on others for the "public good".

This small book will do mankind a great service if it manages, dear reader, to stimulate you to question the merits of this supposed "end of history" as Fukuyama described it, with all nations embracing democracy and living happily ever after in a freakish modern political fairytale.

Peter Wong has also done a great service by translating the original into Chinese. In the West, the supposed merits of democracy go almost completely unchallenged but in East Asia, the contrasting vicissitudes of political development in Mainland China, Hong Kong, Taiwan, Singapore, Japan, Malaysia and many others societies in the region are posing real challenges to the conventional Western model, giving hope that readers will be open to engaging their minds in this important discussion.

Karsten and Beckman's book is a primer that can help us develop our own thoughts on the issue and prevent the modern cult of democracy steamrollering our minds into submission.

Nicholas Sallnow-Smith

Former Chairman of the General Committee
of the British Chamber of Commerce

譯者序

　　感謝施永青先生和蘇兆明先生為本書寫序，他們兩位都是社會上公認的有識之士，有他們推薦本書，王弼亦無須再多費唇舌。

　　我動手翻譯這本書的動機很簡單，因為我不認同福山方濟（Francis Fukuyama）的結論，認為民主制度就是"人類歷史的終極"。我相信，人類文明要再進一步，未必是目前西方民主制度所能夠盛載。畢竟，西方政府經過四、五十年來的一人一票普選，目前百病叢生。有一點要提醒大家：民主普選一人一票選出來的政府並非如許多人所説有悠久歷史。大英帝國最光輝的年代，只有地主納税人才有資格投票。美國於 1960 年代發生黑人平權運動，國會刪除了投票必須通過識字測驗的條款，大量黑人自此才有資格投票。歐洲的瑞士，女性投票權要到 1970 年代才通過。一人一票在西方並非歷史傳統，相反，它只是一個推行了幾十年的政治實驗，而成績如何 —— 例如幾乎所有西方民主國家都瀕臨破產，要靠印鈔度日 —— 值得讀者深思。

　　因此，翻譯這本書與其説是我想否定民主，倒不如説是在中華民族還未搭上這艘搖搖欲墜的"民主號"的時候,不要人云亦云,不妨認真檢查一下,這個制度究竟是否值得我們照單全收。如果答案是否定的,我們是否應嘗試完善現有制度,甚至發展一個新制度,在自救之餘,也對人類文明進步作出貢獻?香港人有能力發展新制度嗎?西方許多國家在 30 年前發動減稅運動,美國的列根、英國的戴卓爾夫人,甚至中國的鄧小平,在改革經濟時都有向香港參考。鄧小平拍板設立深圳經濟特區,曾參考香港就不用多說,至於列根和戴卓爾夫人,也一定在諾貝爾經濟學獎得主佛利民(Milton Friedman)口中,聽過香港這個經濟奇蹟吧。

　　香港人絕對不要妄自菲薄,希望這本書是一個開始,激發讀者攜手尋找一個新制度,超越民主。

王弼

香港奧國經濟學院創辦人

2015 年 6 月 27 日

目　錄

導論
民主 —— 終極禁忌

"如果說當代民主制度患了甚麼病，那病只可能靠更大程度的民主來根治。"這句出自一位美國政客的名言，大致上描繪了大眾對民主政治制度的普遍看法。人們都會認同民主制度有它的問題 —— 他們甚至認同許多西方的議會民主，包括美國的，都面臨着崩潰 —— 但他們無法構想出一個替代的制度。他們能想出的解決方法，實在就只有是更多的民主。

很少人會否認我們的議會民主制度正面臨危機。在世界許多角落，民主國家的公民都對現狀不滿，並且社會呈高度分化。政客投訴選民像寵壞了的小孩，選民則投訴政客漠視他們的訴求。選民朝秦暮楚的程度早已臭名遠播，隨時可以改變他們擁戴的政黨，他們亦越來越被激進和民粹的政黨所吸引。政治形勢上看到的全是充滿撕裂，希望社會和而不同，產生一個能暢順運作的政府變得越來越困難。

當前的政黨對上述難題都沒有令人滿意的答案，他們無法給出另一種選擇。他們都被僵化的黨組織繃得緊緊的，個人的理想亦早已被利益團體和說客所騎劫。幾乎沒有民主政府可以控制開支，大部分民主國家一直大肆借貸、消費和徵稅，多國因此發生金融危機令國家陷入破產邊緣。就算在罕見的情況下，當政府被迫短暫削減開支，選民都會覺得權益被侵犯而起來抗爭，令任何實質的削減都不會被通過。

縱使錢被瘋狂花掉，但幾乎所有民主國家都受到長期高失業率所困擾。大批人員被投閒置散，大部分民主國家都沒有為老化的人口預留足夠備用資金。

基本上所有民主社會都受着過度官僚主義和監管狂熱文化所困擾。政府的天羅地網籠罩每一個人的生活，日光之下，所有事物都有法例監管，所有社會問題都企圖以"法例監管"作答案，而非尋找能真正解決問題的方法。[1]

同時，民主政府在許多人民認為最重要的事項（如維持治安）上表現差勁。罪案率和刑事惡意毀壞的情況非常嚴重，警隊和法律制度既不可靠，又無能，甚至出現貪腐情況，反之一些無傷大雅的行為卻會招來刑事檢控。[2] 以人口的比例計算，美國在世界上有最多囚犯，但許多都是無辜被判入獄的，只不過是因他們所

1　香港的政客遇上任何社會問題，無論大小必會提議"立法監管"來解決。 —— 譯者
2　香港有一種罪名為"不誠實使用電腦"，讀者可以想像當中製造了多少冤獄。 ——譯者

做的事不被社會大部分人所接納而已。[3]

　　根據各類型的研究調查顯示，民眾對民選政客的信心已跌至歷史新低。對好像凌駕國家法律之上的政府、政客、精英階層和超國家主權組織[4]的不信任深深烙在民眾心中。許多人對未來非常悲觀，恐怕下一代的生活水平會比這一代更糟糕。他們對外來移民的入侵非常恐懼，擔憂本土的固有文化遭受威脅，只想時光倒流回到從前。[5]

民主信仰

　　雖然民主制度帶來的危機受到普遍認同，不過社會上幾乎沒有批評民主制度的聲音。幾乎沒有人會把我們目前遭遇的一系列難題歸咎到民主制度本身的缺陷上。來自各方的政客，無論左派、右派或中間派，都承諾以更大程度的民主（而非更小）應付社會的難題。他們承諾會聆聽人民的訴求和把公眾利益放在個人利益之上，又承諾會削減官僚、提高透明度、提供更佳服務——以令制度重新運作，但他們從來沒有質疑民主制度本身是

3　例如同性性行為仍屬刑事的年代。如今在西方，則可能是不為同性人士主持婚禮儀式的神職人員有機會被判入獄。——譯者

4　最佳例子如歐盟、國基會及國際貨幣基金組織（IMF）。——譯者

5　即回到未有新移民之時。——譯者

否可取。他們很快就會反駁我們的問題是由於太多自由而不是太過民主。激進派和保守派的唯一分別是前者投訴社會有太多經濟自由,後者則投訴有太多社交自由。我們身處的這個年代,其法例之多和稅率之高是前無古人的。

事實上,批評民主在西方社會或多或少是一項禁忌。你大可以批評民主在執行上的不完美,又或責罵當前的政治領袖或政黨 —— 但批評民主(作為一種理想)是不被接受的。

民主已經成為一種宗教信仰 —— 一個現代、世俗的宗教,這個說法一點都沒有誇張。你甚至可以說它是世界上最大的宗教信仰。縱使世上存在一些徒具虛名的個案,全球所有國家都稱自己推行民主,只有 11 個國家 —— 緬甸、斯威士蘭、梵蒂岡,和一些中東阿拉伯國家例外。這個把民主奉作神明的信念,可以追溯至人們對民族民主國家(national democratic state)在 19 世紀興起時的崇拜。當時,上帝和教會在社會的地位被國家取替。民主選舉成為一種宗教儀式,透過這個儀式我們為自己的工作、居住、健康、教育和安全禱告。我們對民主國度充滿信心,相信這個"新上帝"會為我們打點一切。"祂"會作出獎賞、判決,祂是全知全能。我們甚至期望"祂"會解決所有個人和社會上的問題。

這個"民主上帝"最美麗之處,是"祂"完全無私地為我們帶來好處。身為"上帝",政府沒有私利,"祂"不過是公眾利益的守護者。"祂"不會花費我們一分一毫,卻會派給我們餅和魚和其他好東西。[6]

　　至少，政府給人的印象就是這樣。大部分人看到的只有政府派出的利益，卻不看成本。其一理由是政府以許多迂迴和間接的方法徵稅 —— 例如需要商戶收取銷售稅，又或要僱主向僱員收取社會福利的稅項；政府又會在金融市場借貸（最後自然要靠納稅人歸還），又或增加貨幣供應[7]，人民因而沒法得知他們的收入有多少遭政府充公。另一個理由是政府行動後的成果通常都是顯然易見和有形具體的，但如果最初政府沒有充公人民財產，所有應該發生而沒有發生的東西，人民卻看不到。例如，政府製造的戰機每個人都可以看到；但其他因公帑花了在製造戰機上而沒有做到的事情，人民就看不到了。

　　人民對民主的迷信深入骨髓，對大部分人來講民主就是政治正確和道德的同義詞。民主代表自由（因為每個人都可投票）、平等（每票均等）、公平（每個人是平等的）、團結（我們一同決定）、和平（民主國家從不發動不義之戰）。循這思路走下去，民主以外的選擇就唯有獨裁，而獨裁當然代表一切壞東西：不自由、不平等、戰爭、不公義。

　　1989 年，新保守主義思想家福山方濟（Francis Fukuyama）在他的著名文章〈歷史之終結？〉中甚至宣告，現代西方民主制度

6　　作者以基督教聖經五餅二魚的故事來作比喻。—— 譯者
7　　即印鈔。—— 譯者

是人類政治進化過程的終極。或者，按他的説法，今天我們目睹
"西方自由民主的普及是*人類政府的終極模式*"。明顯，只有邪惡
的人（如恐怖分子、極端人士、法西斯）才夠膽反對民主這個神
聖的觀念。

民主＝集體主義

不過，這正是本書要達到的事：反對這個"民主上帝"，特
別是全國性的議會民主（parliamentary democracy）。儘管在某些情
況、細小的社區或組織內，決策以民主方式進行是管用的，但在
大部分西方國家都採用的全國性議會民主，帶給我們的壞處遠多
於好處。因此，我們反駁，這樣的議會民主是不公義的，會帶來
官僚和停滯，損害自由、獨立自主和創業精神，而且不能避免引
致人民之間的敵對和分歧、政府官僚的多管閒事、麻木懶惰和過
度開支。同時，這不是因為某個政客做不出成績或一個不該執政
的政黨在位 —— 而是民主制度本來就是如此。

民主制度的特徵在於"人民"作主，決定社會的組織運作，
換句話説，我們"一起"決定我們關心的事：稅率應該多高、多
少錢應花在兒童和老人護理上、年紀多大的人才可以喝酒、僱主
必須付給員工多少退休金、產品商標上應包括甚麼、兒童在學校
要學甚麼、多少錢需要花在第三世界的發展援助、再生能源、運

動教育、管弦樂團、酒吧東主應該怎樣經營，他的顧客又可不可以抽煙、房子應怎樣興建、利息應該多高、多少貨幣需要在經濟體系上流轉、政府應否動用納稅人的錢挽救瀕臨倒閉的銀行、誰可以自稱為醫生、誰可以動土興建醫院、一個厭世的人能否結束自己的生命、國家應否和在甚麼時候參戰……在民主體制內，"人民" 需要為上述、和其他成千上萬的事情作決定。

因此，民主制度在定義上必然是一個*集體主義*社會，背地裏它就是社會主義制度，基本概念就是所有社會上的實體組織、經濟組織，和社交組織的重大決策都要集體地（即由人民）作決定。人民於是授權他們的代表在議會 —— 換句話説，即政府 —— 去幫他們作決定。即是説，在民主體制下整個社會的設計就是由政府掌控。

明顯地，把民主說成是人類政治進化中當然的終極是非常誤導的。這不過是一種用以掩飾的文宣（propaganda）手法，意味民主含有一種很具體的政治傾向，實情是我們還有許多可行且合理的選擇。

其中一個選擇是自由，或曰古典自由主義（classical liberalism，跟現在美國所用的自由主義 liberalism 的意思大相徑庭）。自由和民主不盡相同是顯然易見的。試想想，我們會以民主方式決定每個人應該花多少錢在衣服上嗎？或者去決定我們應該光顧哪一家超級市場嗎？顯然不會。每一個人就為自己作決定，這樣的自由選擇暢順地運作，那麼其餘影響到我們的各樣事情 —— 從工作、醫療、退休金到酒吧和私人會所 —— 為甚麼民主決策會比自由選擇更好？

其實，歸根究柢，我們社會問題叢生的根本，是否就是甚麼事情都以民主程序決定 —— 即大部分經濟和社會議題都由政府控制或通過政府解決呢？官僚主義、政府干預、社會的寄生蟲、罪案、貪腐、失業、通脹、低學歷水平等等問題，是否都並非因為不夠民主，而是由於太多民主所導致？上述難題跟民主的關係，不就像物資短缺和特拉貝特汽車（Trabant cars）[8] 跟共產主義的關係嗎？

我們希望透過這本書，向您展示民主制度引起的各種問題。

本書分為三個部分。在第一部分，我們會討論"議會民主上帝"這個信仰。像任何宗教，民主有一系列的信念和教條，它們是絕對真理，每個人都必須接受，而我們會引述 13 個最流行的有關於民主的神話作為例子。

在第二部分，我們會描述民主制度所引起的現實影響，試圖說明為甚麼民主必然導致停滯，和剖析民主必然導致低效和不公義的原因。

在第三部分，我們勾勒出一個民主以外的選擇 —— 一個基

8　共產東德生產汽車的品牌，以性能差和污染嚴重馳名。 —— 譯者

於個體自決（self-determination）的制度，其特點是權力下放、地方自治和多元化。

　　儘管我們批評目前的全國性民主制度，但我們對未來仍然樂觀──雖然很多人持悲觀態度。他們悲觀的原因之一，是認為目前的制度沒有出路，可是又無法想像出另一個有吸引力的選擇。他們明白，政府在很大程度上已經控制了自己的生活，但他們卻無法反過來制約政府的權利。他們能夠想像的唯一替代品是獨裁專政，如"中國模式"或某種形式的民族主義或原教旨主義。

　　但是，這就是他們的謬誤之處。民主並不等同自由，民主亦只是專政的一種形式──大多數人（Majority）和國家專政。民主也不等同於正義、平等、團結、和平。

　　大約在 150 年前，由於種種原因，民主制度開始被引入大部分西方國家 [9]，而其中一個原因是於自由社會中實踐社會主義理論。不過，不管當時是甚麼原因驅使，現在已經沒有保留全國性議會民主制度的理由，因為它已經不管用了。現在是時候確立一種新的自由制度，當中生產力和團結再不以民主專政方式組織起來，而是透過人與人之間自願互信的關係而組織。

　　我們希望能說服讀者，實現這個理想的可能性大於今天許多人的想像──這絕對值得我們付出努力去追求。

9　作者應是指現代民主制度，跟古代希臘羅馬的民主制度有很大的分別。──譯者

第一章
民主的神話

神話一：
每一票都計算在內

我們在選舉期間總是聽到這句説話。人們聲稱你的一票都計算在內，這當然是事實 —— 你的一票就值億分之一（以美國總統大選為例）。但如果你在一個決定上只有億分之一，或 0.000001% 的影響力，實際上你的影響力等同零。你的投票能決定誰將贏得選舉的機率根本是非常渺茫。

實際的情況更糟，因為你投的一票並不是用來作一個特定的政策或決定。你的一票不過是投票給一位候選人或政黨，讓他們代表*你*作出決定，但你對那個候選人或那個政黨將要決定的事情卻沒有任何影響力！你無法控制他們。四年間，他們可以決定他們想要的東西，但你卻沒有辦法制止。你可以不斷發電郵轟炸他們的郵箱、跪在他們面前甚或詛咒他們 —— 但事情仍是由他們作主。

政府每年作出成千上萬的決定。你的一票就給別人（政客）為所欲為，他們並不需要進一步向你諮詢，你的一票對這些決定也沒有舉足輕重的影響。

在通常情況下，你投的一票，甚至不是一個真正的選擇，它不過代表着投票人的一個模糊偏好。在各方面都跟你合拍的人或政黨是非常罕見的。例如，你不希望花錢援助第三世界，或是不願花錢在阿富汗戰爭，你大可投票給反對這些議案的政黨，但也許這政黨卻贊成提高退休年齡，正巧是你不同意的事情。[1]

更重要的是，當你投票支持的一個候選人或政黨當選了，他們往往會違反他們的競選承諾。然後，你可以做甚麼呢？理論上你可以向法庭申請起訴他們詐騙，但你不能。[2] 你最多可以在四年後投票給其他政黨或候選人 —— 但結果不會相差太遠。

以為利用投票的影響力便可以換取喪失的自由，這根本是一種錯覺。打個比喻，當湯姆或珍妮現身投票站，他們以為可以影響到國家的政策方向。這在極低程度上是真實的。可是同一時間，其餘 99.9999% 的選民也在決定着湯姆和珍妮的生命走向。這樣，他們失去對自己生命的控制權，要比他們（透過選票）在別人身上賺到的影響力多得多。如果他們只是為自己做選擇（而不是透過選票由政黨代表他們選擇），他們才真正擁有更多"影響力"。舉例說，如果他們不必把自己的半數收入透過各種稅項交給政府，而是可以決定自己的錢如何花的話，情況會完全不同。

1　這情況經常發生，令多數選民陷於兩難。—— 譯者
2　指在私人市場上，我們可以追討使詐的商業對手，但政客對人民作出詐騙，我們卻束手無策。—— 譯者

再舉一個例子。在我們的民主制度中，人們對子女教育的直接決定權很小。如果他們想改變教育的政策方針，並希望自己在投票時有更大的影響力，他們必須加入或成立一個遊說集團，或是向在任的政客請願，或在政府部門前組織抗議行動。許多家長組織都試圖以上述方式影響教育政策。這需要花上大量時間和精力，但能作出的影響卻微乎其微。如果政府不干預教育，而是讓教師、家長和學生（無論是單獨或一起）自行作出選擇，事情可能簡單及有效得多。

當然，統治階級會繼續呼籲民眾投票。他們總是強調，投票的人確實有影響政府政策的能力。然而，他們重視的是高投票率所賦予他們的認受性，這樣他們才有合法權利來統治人民。

許多人認為投票是一個道義上的責任。人們常常說，如果你不投票，你便沒有權利公開辯論或對政治決策作出投訴。畢竟，你沒有投票，你的意見便不會被算進去。說這些話的人顯然不能想像有部分人可以不接受 "民主會給選民帶來影響力" 的錯覺。他們都患上斯德哥爾摩症候羣 —— 愛上了挾持他們的挾匪，卻沒有意識到他們用自主權交換的，不是自身的利益，而是政客和政府官僚轄制人民的權利。

神話二：

人民當家作主

這是民主的基本理念：民主的字面意思就是政府由人民組成。但人民真的當家作主嗎？

第一個問題是，"人民"是不存在的。幾百萬人中每個人都有不同的意見和個人利益，他們怎能夠共同管治？這是不可能的。一位荷蘭喜劇演員説過："民主是'人民'的意願，但我每天早上讀報，卻很驚訝看到我'想要'的東西。"[3]

讓我們面對現實吧，沒有人會這樣説："消費者想要微軟"或"人民想要百事可樂"。有些人想要它們，有些人則想要另外的產品。這種分歧同樣適用於政治。[4]

此外，在民主制度下，不是真的由"人民"作決定，而是"佔大多數的人"或"大多數的選民"作決定。少數人顯然不屬於"人民"。這似乎有些奇怪。不是每一個人都是人民的一部分嗎？舉

---

3   意味自己並非"人民"的一分子。——譯者
4   我們卻常常聽到"人民"希望做 A 或做 B，問題是誰代表"人民"。——譯者

例説，作為沃爾瑪顧客的你，不會希望被迫在另一家超市購買雜貨，但這正是民主的運作方式。如果你在選舉中投票支持了失敗的一方，你便必須無奈地按勝方的調子走下去。

好了，假設"大多數人"和"人民"是同一樣的東西。那是否真的由人民作主？讓我們來看看。世上有兩種類型的民主：直接和間接（或代議政制）民主。在直接民主制度下，每個人都能以公投作政治決定。在間接民主制度下，人民投票給其他人為他們作決定。明顯地，在第二種情況下人民作主的程度比第一種小許多。然而，雖然公投也會偶爾發生，但幾乎所有的現代民主制度都是間接的。

捍衛代議政制的人，他們會這樣說：1）若政府每天要做的決策都要透過公投解決，是非常不切實際的；2）人民沒有足夠的專業知識來決定各種複雜問題。

在過去，第一種說法看似合理，因為除非在小社區，否則很難為每個人提供必要的信息，並讓他們發言，如今，這種說法已不成立了。隨着互聯網等現代通信科技，讓大羣人參與決策過程和進行公投變得非常容易。然而，這幾乎從未發生。美國應否發動阿富汗戰爭，還是參與利比亞或其他戰爭，為何不可以由公投決定？不是由人民作主嗎？為甚麼他們不能對如此重要的事作出決策？事實上，當然大家都知道，許多事情若真的透過公投決定，大多數人是不會支持的。"人民執政"根本是一個神話。

第二種說法又怎麼樣呢？是不是大部分的問題都太過複雜，難以用投票方式解決呢？才不是。一間清真寺應建於甚麼地方？年紀多大才可以飲酒？某項罪行的最低刑期應如何判定？是否有需要建立更多或更少的公路？國債應該有多高？是否要對某些國家發動戰爭……這些都是很清楚的命題。如果我們的統治者真的重視民主精神，他們是否至少應就上述一些命題，讓人民以公投參與決定呢？

又或者，第二種說法是否意味着人民沒有足夠的智慧，不能夠歸納出合理的意見來解決社會和經濟問題呢？如果是這樣的話，他們又怎能有足夠的智慧去了解各種競選程序，並在這個基礎上作出投票選擇？倡議民主的人至少要假設人民都對基本的事情略懂一二，和對簡單事情論述有基本的認識吧？此外，為甚麼當選的政客都一定比選民更聰明？難道政客們都有神秘力量獲得額外的智慧和知識，而選民則沒有？還是他們比普通人抱持更多道德觀念？當然沒有這方面的任何證據。[5]

捍衛的民主的人也許會說，就算人民不是傻瓜，但一樣米養百樣人，世上絕不會有人有足夠的知識和智慧，能為數以百萬計的人作出深深影響他們生活的各種決定。這當然是對的，但同樣

---

5 實際上，民主社會的政客往往被大眾公認為愚蠢和沒有道德的一羣，這可以從他們在民調中的低認受性確認。——譯者

適用於在民主體制下為人民作決定的政客和公務員。例如，他們怎知道家長、教師和學生想要怎麼樣的教育模式？甚麼為之最好的教育？各人都有自己的要求和對優質教育的觀點。大部分人都是聰明的，至少足以為自己和孩子決定甚麼是好。反觀在民主體制下，所有事情就會以中央集權一刀切的方式來解決。

這樣看來，民主制度下並非真正由人民統治，這絕對不值得希奇。大家都知道，政府經常作出使大多數人民反對的決定，這絕對不是"人民的意願"，而是政客的意願 —— 由專業的遊説者、利益團體和激進分子所發動 —— 他們才是民主體制下的統治者。石油、農業、醫藥、軍事工業、華爾街等一系列的巨型企業，它們都懂得在目前的遊戲中拿盡好處，社會不過是由一小撮的精英在幕後作決定。他們不會理會甚麼是"人民"所想，只會耗費人民的儲蓄來發動戰爭和對（第三世界）進行經濟援助計劃；推行只有少數人同意的大規模移民計劃，接納海外移民；累積龐大的赤字，監視他們的公民；發動少數選民願意看到的戰爭；用我們的錢補貼既得利益集團，簽訂協議 —— 像歐洲貨幣聯盟和北美自由貿易協定 —— 以懲罰有生產力的國家的方式把利益轉移到缺乏生產力的國家上。難道這些都是我們希望民主能帶給人民的結果嗎？抑或這不過是統治者想要的東西？

有多少人會真正自願把以千美元計的金錢轉移到政府的銀行賬戶，支持士兵代表他們到阿富汗戰鬥？我們為甚麼不問人們一次？不是人民在當家作主嗎？

人們經常説，民主的好處就是可以限制統治者的權力，但是看來又只是另一個神話。統治者幾乎是予取予攜！

此外，政客的權力已經超越了議會和政府的活動範圍。當他們落選而被選民趕離議席後，社會上有無數跟政府唇齒相依的機構會以優厚的待遇招聘他們 —— 廣播公司、工會、地產商會、大學、非政府組織、遊説團體、智庫，以及成千上萬的顧問機構 —— 他們像腐爛樹幹上的真菌般依賴政府維生。換句話説，政黨執政輪替並不一定意味社會權力轉移。民主制度的問責功能遠遠比想像中小。[6]

同樣值得留意的是，參與美國選舉並非易事。想參與聯邦選舉，參選人必須遵守多達 500 頁的法例。如此複雜的規則，外行人根本難以理解。

然而，儘管如此，推崇民主的人始終堅持認為政府推行一些新法案，是由於"我們投了支持的一票"。這意味着"我們"不再有反對這些法案的權利，但這種説法邏輯上並不很貫徹。打個比喻，同性戀者會用它捍衛同性戀者的權利，但如果一個國家以民主方式（如公投）禁止同性戀，他們則不會接受。環保人士會要

6　權力不能由政客轉移到 "人民"，正如中國人的老話：鐵打的衙門，流水的官。換了人，並不意味改變。—— 譯者

求民主政府執行在議會通過的環保措施，但如果他們不同意其他的決策，則隨時會以非法示威活動抗議。顯然，這類輸打贏要的例子，"我們"並沒有投票予以支持。

神話三：
"大多數人" 就是對的

　　為了論證，我們不妨停下來片刻，作一個假設：假若人民真正當家作主，每一票都非常重要，經投票所作出的決定就一定是盡善盡美嗎？畢竟，我們要求有民主的原因，不就是想作出正確的選擇嗎？但現實中我們卻看不到民主制度有帶來正確選擇的必然能力。一件事情可以有很多人相信，但不表示它就是事實或真理。歷史上有很多集體妄想的例子，例如：人們曾經認為動物不能感受痛苦，或地球是平的，又或者，國王或皇帝是上帝在地上的代表。

　　很多人都贊成的事，也不代表道德上是正確或公平的，想想過去一些人類集體犯罪的歷史。像奴隸制或迫害猶太人這一類令人可憎的事件，就曾一度被大多數人認為是完全可以接受的。

　　讓我們面對現實：人類通常是根據自利的原則來投票，甚麼政黨能給他們利益，他們就會把選票投給誰。他們知道，反正所得的好處，成本都是由所有人承擔的。難道這就是公平可取？令人尷尬的真相是，最有可能成為支持民主的人，是因為他們希望或預期自己能成為大多數，他們就可以掠奪其他人的財富而獲益。他們希望自己的責任會由其他人分擔、所得的利益由別人支付，這根本就是不道德行為。

我們有否把事情誇大？假設你和朋友在街上搶劫，你會受到懲罰。但是如果大多數人通過了一條法律去搶奪少數人的利益（例如酒精稅和香煙稅），這就是一個民主決定，所以是合法的。但是，這跟街頭搶劫有甚麼區別？[7]

細心一想，你便不難得出如此的結論 —— 民主的本質就是由社會上佔大多數的人發號施令 —— 根本談不上道德。因為在民主社會，道德方面的考慮會被大多數人的意志壓倒。數量壓過質量 —— 社會想做一件事，進行與否，人數的多寡會壓倒道德和理性的考慮。

19 世紀英國政治家和作家歐本朗・赫伯特（Auberon Herbert）就曾對民主的邏輯和道德作出這樣的評論：

> "有五個人在一個房間，由於其中三個人持同一看法，其餘兩個則持另一看法，這三個人就可以有任何道德上的權利，來把他們的觀點強加於另外兩個人身上嗎？只不過

7　人們經過反吸煙反酗酒人士多年洗腦，原版本這個例子未必令人容易接受，一個更實際的例子 —— 如果我貧窮，我在你的口袋拿你的錢就是犯法，但如果我能透過投票箱，叫政府替我在你的口袋拿錢，把這稱為 "稅收"，我得到的變成了 "福利"，政客又從中拿一點，整件事情就變成 "合法" 行為。—— 譯者

是這三個人走在一起，就因為他們比兩個人多，突然令他們可以支配其餘兩個人的意志和身體，當中難道有甚麼神奇力量？我們可以假定，只要保持二對二，他們個人依然能掌握自己的身體和意志；但當另一個人，命運安排下不知甚麼原因使他加入其中一方，這一方便有直接支配對方靈魂和身體的權力。哪個世代我們有過這樣墮落和站不住腳的迷信？從前有一種迷信習俗，就是皇帝和祭司擁有支配他人靈魂和身體的權力，上述情況不就是這種迷信習俗的忠實繼承人嗎？"

民主沒有預設的政治立場

民主兼容於各種政治立場。畢竟，選民決定政黨的政治取態，讓該政黨執政。因此，民主制度本身超越了各種政治立場的差異：它本身既不左也不右，不屬社會主義也不是資本主義，不隸屬保守派也不屬激進派。

事情看似如此，然而，這最多只反映了事實的一半。在現實世界，民主制度確實體現了某種特定的政治立場。

民主從定義上就是*集體主義*的觀念，即我們集體決定並必須遵守該決定。這意味着，在民主體制內幾乎每一件事都是公共問題。這樣的*集體化沒有根本的制約*。如果大多數人（或更確切地說——政府）想要的話，他們可以以安全為由，要我們走在街上時穿上馬韁繩；又或規定我們要打扮成小丑，因為這會為人帶來歡笑。個人自由不是神聖不可侵犯的。這道大門既開了，政府的干預便會不斷增加，而不斷增加的干涉情況，正在民主社會中發生。

誠然，政治發展的趨勢有起有落，鐘擺效應經常發生——

例如,從許多監管到減少監管,然後又故態復萌 —— 但從長遠來看,西方民主社會持續穩定地增加政府干預:公共開支變得越來越高,民眾對政府變得更加依賴。

這在冷戰時代也許不是太明顯,當西方民主國家與極權國家對比,如前蘇聯和毛澤東時代的中國,西方各國看起來當然比較自由。在那些日子,就算我們的社會變得越來越朝向集體主義,情況也不是太過明顯。不過自上世紀 90 年代共產主義崩潰後,這現象 —— 西方的福利國家跟共產國家殊途同歸 —— 便顯得一清二楚。現在,我們正被新興經濟國家超越,這些國家賦予人民更多自由、奉行低稅率,而且監管較為寬鬆。

當然,許多民主政客會說,他們支持"自由市場",但他們的行動卻證明並非如此。看看美國共和黨,他們常被認為是支持自由市場的政黨。不過他們接受了幾乎全部由左派對手主張的重點干預主義政策 —— 福利主義、高稅率、高政府開支、公共房屋、勞動法、最低工資、干預外國事務 —— 再自己添加一些主張,諸如補貼銀行和大企業,以及針對不會干犯別人的"罪行",如吸毒和賣淫等法律。儘管偶爾鬆手去"放鬆管制",但在民主共和兩黨輪替下,政府權力一直穩步膨脹 —— 縱使多少共和黨人曾聲稱他們主張自由市場。實情是,即使共和黨的"保守派"朗奴·列根總統(President Ronald Regean)當政的時候,政府的支出也是上升而不是下降。共和黨的喬治·布殊(George W. Bush)執政的年代，政府支出不只增長，而是暴漲。這表明民主並非沒有政治取向，而是無時無刻、不管誰在當政，其本質上都趨於增加集權和鞏固政府權力。

表 1.1：各國政府開支佔國內生產總值（GDP）比例（1870-2009）（%）

國家＼年份	1870	1913	1920	1937	1960	1980	1990	2000	2005	2009
奧地利	10.5	17.0	14.7	20.6	35.7	48.1	38.6	52.1	50.2	52.3
比利時	8.0	13.8	22.1	21.8	30.3	58.6	54.8	49.1	52.0	54.0
英國	9.4	12.7	26.2	30.0	32.2	43.0	39.9	36.6	40.6	47.2
加拿大	-	-	16.7	25.0	28.6	38.8	46.0	40.6	39.2	43.8
法國	12.6	17.0	27.6	29.0	34.6	46.1	49.8	51.6	53.4	56.0
德國	10.0	14.8	25.0	34.1	32.4	47.9	45.1	45.1	46.8	47.6
意大利	13.7	17.1	30.1	31.1	30.1	42.1	53.4	46.2	48.2	51.9
日本	8.8	8.3	14.8	25.4	17.5	32.0	31.3	37.3	34.2	39.7
荷蘭	9.1	9.0	13.5	19.0	33.7	55.8	54.1	44.2	44.8	50.0
西班牙	-	11.0	8.3	13.2	18.8	32.2	42.0	39.1	38.4	45.8
瑞典	5.7	10.4	10.9	16.5	31.0	60.1	59.1	52.7	51.8	52.7
瑞士	16.5	14.0	17.0	24.1	17.2	32.8	33.5	33.7	37.3	36.7
美國	7.3	7.5	12.1	19.7	27.0	31.4	33.3	32.8	36.3	42.2
平均	10.4	12.7	18.4	23.8	28.4	43.8	44.7	43.2	44.1	47.7

資料來源：《經濟學人》（*The Economist*）2011 年 3 月 17 日

這個趨勢反映了政府公共支出的持續增長，在 20 世紀初，大多數西方民主國家的公共開支為國民生產總值的 10% 左右，現在則上升至約 50%。換句話說一年裏有六個月，人民就像農奴為國家工作。

在一些較自由 —— 同時較不民主 —— 的年代 [8] 稅率比現在

低得多。幾個世紀以來，英國奉行着一個制度：國王有權花錢，卻無權加稅；同時議會有權徵稅，卻無權花錢。因此，國內的稅收相對較低。不過進入 20 世紀，當英國越趨民主，稅率就直線上升。

美國的獨立革命是由美國殖民者反抗宗主國英國徵稅而開始的。美國的開國元勳對待民主的態度跟他們對高稅收同樣反感。"民主"一詞從未在獨立宣言或憲法的任何地方出現。

在 19 世紀，除戰時外，美國的稅率最高也只有幾個百分點。所得稅不單不存在，更是違憲。但是，隨着美國從鬆散的聯邦制國家變成了一個全國性議會民主國家，政府權力持續增長[9]，例如，1913 年便引入所得稅並同時成立聯邦儲備局。

民主政府權力擴張的另一個明顯的例子，可以在美國聯邦法規法典（Code of Federal Regulations, CFR）中體現，它列出由聯邦政府頒佈的各項法律法規。在 1925 年，它只有一冊。在 2010 年，它像野草生長般已達 200 多冊，其中僅目錄已達 700 多頁。它包含在日光之下的一切規則 —— 從錶帶應有怎樣的外觀到餐館應如何做炸洋葱圈。《經濟學人》雜誌報導，單是在喬治·布殊總統任內，聯邦法規就增加了 1,000 頁。根據同一本雜誌，2001 年至 2010 年美國的稅法內容便從 140 萬字增加到 380 萬字。

8　　如 19 世紀末的歐洲。——譯者
9　　這是南北戰爭所帶來的改變。——譯者

許多在國會提出的議案都非常冗長，國會議員都懶得在投票之前閱讀。簡單來説，民主的出現在美國導致政府干預的擴張，儘管人們經常聲稱美國是一個"自由"的國家。

表 1.2 ：不斷擴充的税法

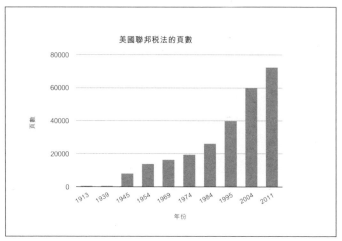

資料來源：CCH

在其他西方民主國家亦已發生類似的發展。例如，在荷蘭（本書作者正是來自該國），根據荷蘭中央規劃局（Dutch Central Planning Bureau）的一項研究，在 1850 年時，該國人民的總税務負擔是國內生產總值的 14%，現在則是 55%。根據另一項研究，政府支出佔國民收入的比例在 1900 年是 10%，2002 年則是 52%。

荷蘭國內的法律和法規數量也在持續增長。根據荷蘭司法部的科研和文獻中心（Scientific Research and Documentation Center）的研究，在 1980 年到 2004 年間，法典內的法律數量增加了 72%。在 2004 年，荷蘭共有 12,000 條法律和法規，當中包含了超過 14 萬條條款。

這些法律都有一個問題，是它們往往互為因果。換句話說，一項管制導致另一項新的管制。例如，如果你的國家有強制醫療保險制度，政府自然會嘗試迫使人民採納（政府認為）健康的生活方式。畢竟，政府會說，"我們"都為生活不健康的人付出了大量的醫療費用。他們説的沒錯，但問題只不過是因為政府推行了集體化醫療制度而引起的。以法西斯手段推行這類所謂的"健康生活"在民主國家司空見慣，而且時下大多數人都不假思索地接納。政府法令叫他們不應該吃高脂高糖食品、不應該吸煙、應該戴上頭盔或安全帶等，人們認為理所當然。當然，這些管制都直接侵犯了個人自由。

有人可能會説，近幾十年來自由已經在某些範疇有所進展。在許多西方國家的私營（"商業"）電視台已經打破了國有廣播電台的壟斷，商店的營業時間已經延長，空航市場被放開，電訊市場也解放了，而且許多國家亦廢除了徵兵制。然而，這些成果大多都是由民主政制下的政客之手奪回來的。很多時候，政客不能制止這些變化，是因為科技發展（例如在傳媒或電訊業）或其他國家的競爭（如航空公司放寬管制）的結果，這些發展可與前蘇聯的共產主義在不夠競爭下崩潰相比。這件事情（蘇聯的崩潰）

所以發生，並非當權者願意放棄自己的權力，而是因為他們根本沒有選擇 —— 因為整個制度已經朽壞，無法修復。同樣地，我們的民主政客亦每每被迫交出一點權力。

但是，我們的政客會有辦法很快收回失地。因此，互聯網上的自由越來越被政府約束干預。言論自由可以憑反歧視法來侵蝕，知識產權（專利和版權）被用來主宰生產者和消費者的自由。伴隨市場自由化而來的通常是新的官僚架構，旨在規範新市場。這些官僚架構往往會變得越來越大，引入更多規管。在荷蘭，能源和電訊產業確實放開了，但與此同時新的監管機構也成立了 —— 過去十年便成立了六個官僚機構。

維珍尼亞大學的研究人員指出，在美國，聯邦法例在 2003 年至 2008 年間（帶給經濟）的成本上漲了 3%，達到每年 17,500 億美元，佔 GDP 的 12%。2008 年後，一浪接一浪的法規在金融市場、石油行業、食品行業和其他無數的行業出台。在歐洲，企業和家庭不僅要應付本國的政府，更要受總部設於布魯塞爾的歐盟的附加法規所限制。在 20 世紀 90 年代，由布魯塞爾領導的自由化曾風靡一時，不過時下的潮流已經逆轉：邁向更多（和重新）監管。

總之，民主實行起來絕非政治中立。民主制度的性質上屬於集權主義，並會導致越來越多的政府干預，以及越來越少的個人自由。之所以如此，是因為人們不斷向政府作出要求，卻希望別人負擔自己的成本。

　　事實上，就其本質而言，民主是一個屬於極權主義的意識形態，縱使沒有納粹主義、法西斯主義和共產主義般極端。原則上，在民主國家，自由不會被視為神聖，個人生活的各方面都可能受到政府管制。說到底，佔少數的人只是活在大多數人的"憐憫"之下。即使民主國家有憲法限制政府的權力，這個憲法也可以被大多數的人修訂。你在民主國家的唯一基本權利，除了參選，就是把選票投給某一政黨。擁有這微小一票的同時，你也把自由和獨立自主的權利置於大多數人的意願底下。

　　真正的自由，就是擁有選擇不參加這個制度，和不須被迫為這個制度付鈔的權利。作為一個消費者，如果你被迫選擇不同牌子的電視機，無論有多少個品牌可供選擇，就等於你沒有真正自由。如果你還可以選擇不購買電視機，那麼你才有真正的自由。在民主社會，大多數人已經為你選擇了必須買的東西 —— 無論你喜歡與否。

神話五：
民主帶來繁榮

很多民主國家都是富裕的，因此人們常常認為，社會必須有民主才會繁榮。事實上，情況正好相反。民主不但不會帶來繁榮，它甚至會破壞財富。

的確，許多西方民主國家擁有繁榮，不過在世界其他地方，兩者卻沒有必然關係。新加坡、香港，和一些海灣國家雖沒有民主卻非常繁榮。許多非洲和拉丁美洲國家實行民主制度卻並不富裕 —— 除了當地少數的上流社會人士。[10] 西方國家的繁榮不是民主所致，而是縱然在民主制度下[11]，她們仍然能繁榮起來。她們的繁榮是由於這些國家崇尚自由的傳統，故力挽狂瀾不讓政府完全操控國家的經濟。但是，這種傳統正逐步被民主制度削弱。民營經濟正逐步被侵蝕，令西方世界花了幾個世紀來建立的龐大財富

10　即既得利益者。 —— 譯者
11　在民主制度的摧殘下。 —— 譯者

面臨被摧毀的威脅。[12]

當個人權利——尤其是財產權 [13] 得到充分的保障時,繁榮才得以建立。換句話說,在一個人們*能保存自己勞動成果*的地方,他們才能創造財富。在這種情況下,人們都會積極努力工作,願意承擔風險,並有效地運用現有資源。

在另一方面,如果人民被迫把自己的勞動成果拱手奉獻予政府——某程度上是目前民主國家的景況——他們盡展所能的動力便會減少。此外,政府將難免以低效率使用這些資源,畢竟,(民主制度下的)統治者不需付出甚麼就能獲得這些資源,他們跟生產者會有非常不同的目標。[14]

上述情況怎能在民主制度中出現?你可以把它比喻為:一組十人在飯店吃飯,並於吃飯前已經決定平分賬單。本來,如果每人都要為自己的點單付款,他們是不會點昂貴菜式的,但由於早知 90% 的費用將由其他人分擔,每個人都有動力只點昂貴菜式。相反地,就算有人希望節省一點,但個人力量只佔 10%,於是沒有人有意願去節省。結果是總支出會比一個人自點自付用膳高得多。

12　歐洲得靠量化寬鬆印鈔度日,希臘、西班牙、意大利,甚至英法面臨的經濟困境,不是歷歷在目嗎?——譯者

13　即私有產權。——譯者

14　例如,一位藝術家親手製造了一件藝術品,使用方法一定和把藝術品搶過來的強盜有所不同。——譯者

在經濟學上，這種現象被稱為"公地悲劇"（Tragedy of the Commons）。公地是指幾個農民集體使用的一塊土地。他們都有誘因讓他們的牛盡可能地吃草（因為成本都由他人來付），並且沒有誘因停止牛隻吃草（反正青草會被其他農民放牧的牛吃光）。這樣，由於草地名義上是公有，且實際上是無主地，就是過度放牧。

民主的運作也是如此，人民都被鼓勵去佔別人便宜，或將自己的負擔轉移他人。人們投票給政黨是想透過別人為他們的個人願望（如免費教育、高福利、托兒補貼、興建更多高速公路，等等）付鈔。以剛才吃飯的事件為例，賬單超支的情況可能不會太過嚴重，因為人數少（只有十個人），人們的慾望都因互相有效監控而被抑制，但在全國性民主制度下選民以百萬計，互相監控不可能有效。

政客就是透過選舉得以操縱這個系統，管理"公物"。因為他們並不擁有這些公物，所以不會把公帑用得其所。相反，他們有誘因盡量花費，讓他們可以在選民前得分，並使選民的下一代支付賬單。[15] 畢竟，他們需要討好選民，這個目標比國家的長遠利益更重要，其結果就是造成社會的低效率和浪費。[16]

15　即超前消費。——譯者
16　這解釋了為何西方多個國家都債台高築。選民為享受短期利益，亦舉債赤字度日，結果必然是下一代甚至兩代都還不完的債務！——譯者

　　政客不單面對超前消費的強烈誘惑，在他們當政負責花費公帑的時候，也有動力去讓自己從中獲得最大的利益。畢竟，一旦他們卸任，就不再那麼容易為自己獲取利益了。

　　這樣的制度當然會為經濟帶來災難，可是，那是怎樣的一個災難，人們還沒有充分理解。我們的民主政府都沉迷於狂熱消費，相關的大部分賬單最終必須由人民支付。

　　幾乎所有民主國家都會面對一個共同難題，就是擁有巨額赤字預算，政府欠下了龐大債務──這並非巧合。在美國，民主這"免費午餐"已經失控，使國家債務高達 14 萬億美元，即人均債務約 5 萬美元 [17]，在大多數歐洲國家的情況相約。於 2010 年底，荷蘭的國家債務已上升至 3,800 億歐羅，或人均約 25,000 歐羅。這些債務始終要由納稅人償還。單單償還債務的利息，已花了納稅人大量金錢，2009 年荷蘭的國債利息總額就接近 220 億歐羅，超過花在國防和基礎建設的總額。如此純粹的浪費，完全是過去任意揮霍納稅人金錢的惡果。

　　不過（民主令社會）腐化的問題屬更深層次，我們的民主政客不僅浪費稅收，他們還設法控制我們的金融體系──控制我們的貨幣。通過中央銀行如美國聯邦儲備局和歐洲央行（ECB），我們的民主政府確定甚麼是貨幣（"法定貨幣"）、要創造和向經

17　執筆之日，僅三年時間，美國國債已達 18 萬億美元。──譯者

濟體系注入多少貨幣，以及利率應有多高。在同一時間，他們切斷鈔票和其抵押品——例如黃金——的歷史關係。*我們的整個金融體系，包括我們的儲蓄、退休基金和所有我們認為擁有的鈔票，現在都建立在由國家發行的紙幣的基礎上。*

這個系統能帶給我們的政府的好處顯而易見，他們有一個"鈔票水龍頭"，讓他們任意打開。在過去，連極權君主也沒有這樣的權力！民主選舉下的領導人如想提高自己的支持度，只需刺激經濟（並靠此充實自己的小金庫）。他們透過中央銀行和私人商業銀行的配合，參與發行貨幣的過程。該系統的設計是靠授予私人商業銀行特權，以多倍高槓桿方式借出他們的客戶存款（部分準備金銀行制度，Fractional Reserve Banking）。因此，紙幣或電子貨幣便通過多種手段無日無之地被注入經濟中。

這帶來幾個惡果。第一，貨幣的價值下降了，並且這過程已經延綿了一個世紀。由美國聯邦儲備局在 1913 年創建起計，美元已經喪失了 95% 的價值，這就解釋了為何我們作為人民看到產品和服務的價格越來越昂貴。在一個真正自由的市場裏，由於競爭和（科技帶來）生產力的提升，價格應該會不斷下降，但在政府操縱的制度底下，貨幣供應不斷增加，價格只有上漲。有些人從中獲益（比如那些誰擁有大量債務的個體，如政府本身），有些人則有損失，例如靠固定退休金生活或持有現鈔存款的人

第二個惡果是，新印製的鈔票刺激起經濟，吹起一個又一個

人為的資產牛市。因此，我們有房地產牛市、大宗商品牛市、股市牛市。但所有這些"經濟奇蹟"都是基於熱錢流入 —— 所有的牛市都變成了泡沫，或遲或早要爆破。這是因為市場充斥着信貸寬鬆所製造的鈔票，所有參與者都能大舉借貸。可是這樣的（債務狂熱）派對不可能永遠持續下去。當大家清醒過來明白債務是無法償還時，泡沫就會爆破，經濟衰退就隨之而來。

政府應對經濟衰退的方法，一如你從民主政客所預期的一樣，不難想像，就是通過印製更多鈔票注入經濟（同時指責"自由市場"或"炒家"製造經濟危機）。他們這樣做不過是為了滿足選民的期望，同時因為選民希望"經濟狂野派對"盡可能延續下去 —— 政客為了連任，自然盡其所能滿足人民的願望。美國作家和政治家本傑明・富蘭克林（Benjamin Franklin）早在 18 世紀就看到這個問題。他曾寫下："當人民發現他們可用選票交換金錢的時候，便預示着共和國的衰亡。"

開動印鈔機可以提供一些安慰 —— 但總是暫時性的。現在我們似乎已經到達了臨界點，新的泡沫無法在制度不倒塌的情況下再吹出來，政府變得苦無對策。如果他們繼續印鈔，將會面對惡性通貨膨脹的風險，像上世紀 20 年代的德國或近年的津巴布韋。同時，他們卻不敢不刺激經濟，因為一旦經濟陷入衰退，選民便會唾棄他們。總之，這樣的制度已經進入了死胡同，政府再也無力維持他們製造出來的繁榮幻象，但政客們也不願意坐以待斃。

所以我們看到，民主不會導致繁榮，而是帶來持續的通貨膨脹和經濟衰退，與所有隨之而來的不確定性和不穩定性。有甚麼辦法呢？要解決民主制度帶來的過度消費狂熱，可行方案是重新尊重私有財產。如果所有農民都在私有土地放牧，他們將確保不會過度放牧。如果所有人民都能保留自己的勞動成果，他們將確保自己的資源不被浪費。

這也意味着，我們必須從政客手中奪回金融體系。就像任何其他的經濟活動，貨幣體系應該重新成為自由市場的一部分。每個人都應該能夠發行自己的貨幣，或者各人可按自己的愛好接受各種形式的貨幣。自由市場機制自然會確保以後沒有經濟泡沫產生 —— 至少不會像現在由政府操縱的金融體系下，所製造出這麼大的泡沫。

對很多人來説，這樣的自由市場貨幣制度聽起來很可怕。但是，歷史上這樣的貨幣制度是常規而不是新事物。它可能幫助人們理解我們現在享受的繁榮 —— 夢幻般的富裕 —— 都是從具生產力的民眾和他們生產的貨真價實的商品和服務而來的，沒花沒假。我們民主政府以印鈔伎倆炮製出來的經濟幻象無法改變這一事實。

神話六：
靠民主公平分配財富和扶貧

　　民主制度不是用來確保財富公平分配的嗎？政客當然經常談論團結和公平共享，但他們的方案又如何公平呢？首先，財富在分發之先，它必須被生產。政府補貼和服務不是免費的，雖然很多人可能有這種想法。但現實中，勞動人民約有一半的收入都被政府徵收了，並再加以重新分配。

　　就算假設政府應該為人民分配財富，我們仍要質疑民主制度如何達致公平分配。公帑真的到了有迫切需要的人手上嗎？是這樣就好了！但事實上，大多數的補助和補貼都交給了利益集團。舉個例子，五分之二的歐盟預算就是花在農業補貼上。

　　遊説團體不斷的爭取補助、特權和工作崗位。每個人都覷準存放公帑的金庫。這個系統變相鼓勵了社會的寄生行為，以及不公平和私相授受的情況，個人責任和自力更生卻不被鼓勵。更何況一些從中獲益的利益集團，怎樣看都算不上貧窮或處於弱勢，當中包括：（幫助第三世界的）發展援助機構、銀行、大型企業、農民、公營廣播電台、環保組織、文化機構。他們之所以能夠獲得數以十億美元的撥款和補貼，是因為他們有直通（政府）天庭的能力。而最大的"得益者"當然是負責操作系統的公務員，他們要從中確保他們是難以取代的，同時又可以給予自己優厚的工資。

利益集團不僅從政府的慷慨中獲利，而且還知道如何影響立法，損人利己，這樣的例子數之不盡。例如進口限制和配額對從事農業者有利，但會提高糧食價格；或工會和政客聯手維持高水平的最低工資，從而限制了勞動市場的競爭。這使社會上教育程度最低的人找不到工作，因為對許多公司來説，他們的工資（因最低工資的影響下變得）太高了。他們成了最低工資政策下的犧牲品。

另一個例子是政府發牌制度，用以排擠不受歡迎的競爭對手。藥劑師使用發牌制度來阻止藥房和互聯網供應商的競爭。醫學界以政府牌照制度阻止"無牌"醫療服務供應商的競爭。[18] 又例如政府授予專利權或版權給舊有企業，例如醫藥行業和娛樂事業，令新進企業難以競爭。

為何選民不反抗説客們和利益團體享有的特權呢？理論上，這是可能的，但在現實中很少發生，因為特權團體享有的好處遠遠大於個別市民的成本。例如，如果對進口白糖徵收入口稅，令

18　"無牌"不一定就是低質素，例如美國 Johns Hopkins 著名醫學院畢業的醫生，沒有香港醫學會發出的牌照，不能在港執業。── 譯者

本土白糖的價格提升了 3 美分,這可以令國內食糖生產者(和該國政府)獲取巨大利益,但是對消費者而言實在不值得花時間抗議。因此,利益團體都非常積極地保護這些利益,而大多數選民則採取愛理不理的態度。[19]

大多數人可能甚至不知道這些涉及出賣國民利益的交易存在。然而,把所有這類交易加起來,便令成本顯著上升 —— 特別是所有不依賴遊說團體為其效力的市民 —— 生活水平會因而降低。因此,民主政治難免淪為財富再分配機器,造就了最有影響力和最有組織能力的團體[20] 能從榨取其他市民之中獲益。毫無疑問,該系統是雙向的,遊說團體[21] 在政府身上獲取利益後,亦會繼續贊助壓力團體[22] 的政治運動。

在我們的國家 —— 荷蘭 —— 一個典型的歐洲民主福利國家,當中的一個政府部門 —— 社會和文化規劃局(Social and Cultural Planning Bureau)在 2011 年 8 月發表了一份報告,指出中產家庭從政府獲得的利益少於低收入和高收入人士。事實上,研究人員發現,收入最高的羣體,從政府獲得的利益最多!研究只針

---

19 如果想深入了解上述的社會現象,可互聯網搜尋 public choice theory 這個關鍵詞語。 —— 譯者

20 例如政黨、壓力團體、大財團。 —— 譯者

21 這些遊說團體受大財團聘用,許多都是由前高官或前資深國會議員成立的。 —— 譯者

22 例如環保組織。 —— 譯者

對 2007 年的數據，但有理由相信其他年份所得的結論不會有很大差異。高收入羣體在荷蘭所得的利益主要來自高等教育、幼兒護理和藝術的補貼。[23]

許多人擔心，如果教育、醫療、公共交通和住屋等等，都交由 "自由市場" 決定，窮人將無法負擔這些服務。但窮人其實在自由市場上也得到不少好處。就拿超市為例，它們提供了生活的必需品：食物。它們也提供眾多價廉物美的產品。通過創新和競爭，自由市場已經使低收入羣體，像藍領一族和學生，有能力享受如汽車、個人電腦、流動電話，和乘搭飛機到國外旅行，這一切從前都是只有富人才負擔得起的商品。如果老人護理的組織像超市一樣有效率，沒有國家的干預，我們會否看到類似的結果？老人和他們的親屬將決定他們的需要，以及以甚麼價格取得甚麼樣的服務。他們在接受何種護理和所付出的價格上，便能夠有更大的話事權。

如果國家不再干預學校、醫院和保健部門的管理，服務的質素會否下降？恰恰相反。如果食品商店被組織得像公立學校一樣，可以想像我們的食品質量會怎樣？你不能指望幾個遠在首都華盛頓的 "專家"，能有效管理龐大而複雜的產業，如教育和醫療保健。無論有多少改革、法令、委員會、專責委員會、白皮書、

23　因此，我們不難明白，為何許多教育工作者支持政府不斷投資教育，但教育的質素卻每況愈下。—— 譯者

指令、指引、削減等等，他們都不會給予我們任何驚喜，只會造成越來越多的官僚主義。

真正的專家都在學校和醫院裏。他們最清楚自己擅長的領域，最能有效地組織自己的機構。如果他們做得不好，就不能在自由市場中生存。如果他們有完全管理的權力，而不是由坐着等政府總部的官僚下達指令干預，那麼教育和醫療保健的質量將會提高。官僚主義、輪候名單和過分擁擠的教室就會消失。正如自由市場中只有極少數不衛生而出售變壞食物的超市，或者要你等候半年才可安排驗眼的眼鏡店，這樣做根本無法生存。

當然，社會上總有一些人無能力養活自己。他們是需要幫助的，但沒有必要創造像現在我們的"民主利益分配機器"來幫助他們。我們可以通過民營的慈善機構，或任何願意伸出援助之手的人來提供協助。社會需要民主來幫助窮人和弱勢羣體的假設，不過是在這台"分配利益機器"中的既得利益者所製造的煙幕吧。

神話七：
民主是和諧社會所必須的

　　人們通常認為，只要通過民主來做決定，就能夠避免衝突。畢竟，若然所有人都只顧自己，我們便不可能和平共處，所以便有這個："民主可以解決紛爭"的說法。

　　如果只是一羣人來決定去看電影抑或去沙灘，這說法可以成立。但大多數的問題都不需要民主來決定。事實上，以少數服從多數這種民主原則來作決策，往往會釀成衝突。因為民主制度是把原來屬於個人和社會的問題，跟整個社會捆綁起來。若然強迫人民跟隨"民主"決定，民主制度將會激起人與人之間的對抗，而非建立和諧關係。

　　例如，以"民主方式"決定學童在學校必須學甚麼、應花多少資源在老人護理、多少資源用來援助第三世界國家、酒吧應否禁煙、哪些電視台應獲得補貼、政府應該補貼哪些療程、租金應該多高、是否准許婦女戴頭巾、人民可以服用哪類藥物，等等。上述所有決策都會製造矛盾和緊張關係。其實，只要讓人們自己做選擇，並為後果承擔責任，這些衝突都很容易避免。

假設我們以民主方式決定每日焗製麵包的數量和類型，這將導致無休止的政治遊說、宣傳、爭拗、會議和抗爭。白麵包的支持者會視全麥包的支持者為政治敵人。如果全麥包得到大多數人的支持，那補貼將會全撥給全麥包，白麵包更有可能被禁。這個過程反之亦然。

民主就像一輛載滿了人的巴士，乘客必須共同決定司機駛去哪裏。激進派投票去三藩市，保守派喜歡去達拉斯，自由主義者則想要去拉斯維加斯，綠黨（the Greens）想去伍德斯托克（Woodstock），其餘的各自想去 1,000 個不同的地方。最終，巴士到達的地方，幾乎是沒有人想去的。即使司機沒有考慮私利，並認真聽取每位乘客的意見，他也永遠無法滿足所有乘客的願望。所有乘客幾乎每人也有不同的願望，可惜巴士只有一輛。

這也是許多政治新星最初被人民視為救世主，最終卻令人失望的原因。沒有政客能把不可能變成可能。"我們一定可以的！"[24]（"Yes we can"）到最後總變成"不，我們做不到"（No we cannot）。就算是世上最聰明的人，都不可能滿足各人互相矛盾的慾望。

當人們談論政治，往往容易被牽動情緒，就不是純粹巧合。事實上，許多人在出席社交活動時，都不喜歡談論政治。這是因

24　"Yes we can" 是當年奧巴馬的競選口號。—— 譯者

為他們對應該"如何過活"都有不同的想法，而在民主制度下，這些不同的觀點必須作出某程度的調解。

要解決巴士的難題其實非常簡單，只要讓人民自己做決定去哪兒、跟誰人一起去就可以了。讓人民自己決定他們想怎樣生活、讓他們解決自己的問題、自己組織互助團體。讓他們決定怎樣運用自己的身心和金錢。這樣很多政治"問題"就會像魔法般消失。

可是在民主體制內，情況剛剛相反。該制度鼓勵人民把個人願望變為集體目標，使其他人都必須遵守。它鼓勵一些想要去 X 地方 [25] 的人嘗試迫使其他人也同一方向。民主制度會帶來一個很不幸的後果，就是令一些人自動地去組織壓力團體，並跟其他壓力團體發生衝突。這是因為，只有當你成為一個足夠大的羣組（或投票集團）的一員，你的想法才有可能成為當地的法律。因此，老人家會反對青年、農民會跟城市人有矛盾、新移民和原住民會起衝突、基督徒對抗穆斯林，無神論者對抗教徒、僱主對抗僱員，如此類推。人與人之間的差異越大，矛盾便越激烈。當一羣人認為同性戀是一種罪惡，另一羣人則呼籲要在學校和教材中加入更多同性戀的教育題材，雙方將不可避免發生衝突。

幾乎每個人都明白，花了幾世紀時間形成的宗教自由，是減

25　假設 X 為某地名。——譯者

少宗教羣體衝突的合理方法。畢竟，天主教徒不應該決定新教徒如何生活，反之亦然。但在當代似乎很少人明白，社會出現矛盾，就是因為透過民主制度，員工可以決定僱主怎樣經營，老人可以迫使年輕人支付他們的養老金，銀行可以讓納稅人承擔自己錯誤投資的後果，患飲食潔癖的人（health freaks）可以強迫其他人依從他們的生活方式，等等。

只要你的羣體示弱，表現為弱勢、遭受剝奪或歧視，你便會得到好處。這給了你一個向政府要求福利的額外藉口，政府亦有藉口證明自己的存在價值，並以"社會公義"為名施行救助。

正如美國作家門肯（H. L. Mencken）說："世人看重的不是權利而是特權"。這句話適用於社會上許多羣體，在民主制度下亦非常明顯。以前，婦女、黑人和同性戀者曾花很大努力爭取自由和平等的權利，但他們的現代繼承人爭取的則是特權，如工作比例配額、平權法案和反歧視法例，結果限制了社會的言論自由。他們稱這些為權利，但由於這些權利只適用於特定的某個羣體，現實上就成了這些羣體的特權。真正的權利，像言論自由，適用於每一個人。特權則只適用於某些羣體。這些羣體依靠壓迫來獲取特權，因為只有這樣才能強迫他人為自己付賬。

另一個在民主制度下獲取特權的策略，是展示出你的目標可令社會免於某些災難。如果我們不拯救氣候、拯救歐元，或者拯救銀行，社會就會完蛋，混亂將接踵而至，數以百萬計的人將會受苦。門肯也看穿這些詭計,他說:"擁有拯救全人類慾望的人,幾乎都是擁有統治別人的慾望的"。值得留意的是,在民主制度內人們可以口裏說一套,花起錢來又是另一套。他們會為非法移民爭取權益,只要非法移民居住之處對他們的生活完全沒有影響。他們會投票支持補貼交響樂團或博物館,以令自己不須購買昂貴門票,卻明知總有人要為他們買單。

這些人甚至會顯露出一種道德的優越感。支持藝術補貼的人士會說:"我們不希望藝術被商業化"。他真正的意思是,他不希望藝術像其他商品一樣在自由市場買賣,而社會上其他人必須支付*他*的愛好。[26]

"我們"是民主社會裏最常被濫用的詞語。某項政策的支持者總是說:"我們想要甚麼"、"我們必須做些甚麼"、"我們需要甚麼"、"我們有甚麼權利",就像每個人都必然會同意。他們真正的意思是,*他們*想要,只是不想由他們自己負擔。人們又會說:"我們必須援助第三世界國家"或"我們必須在阿富汗戰鬥",但他們從來不會說:"我準備援助第三世界國家,誰會和我一起去?"又或者說:"我準備跟塔利班戰鬥。"如此,民主便成了一種轉移個人責任予別人的方便手段。做決定時只要說"我們",而不是"我",99.999%的責任便可由其他人來承擔。

---

26   他們的心態是:"我愛好的東西如此高尚,可是你們卻不懂欣賞,累我要秉承社
      會責任來維護它,你們不應該支持我,為我付鈔嗎?"── 譯者

在這一點上，政黨很容易作出配合。他們（明確或暗示）保證他們的選民，喜歡的目標當中涉及責任負擔的部分，將會由其他人一起分擔。因此，左派政客會說："投票給我們，我們就會拿富人的錢交給你。"右派政客會告訴人民："投票給我們，我們會拿反對阿富汗戰爭的人的金錢來繼續阿富汗的戰役。"所有人都會告訴農民，"投票給我們，我們將確保農業補貼由非農民來支付"。

這個制度，是代表善意和團結，抑或反社會、支持寄生依賴別人呢？

在民主體制內所謂的團結，最終不過是基於強權壓迫。但要強求團結，確是非常矛盾。真正的團結必需自願行動配合。如果有人在街上遭到賊人搶劫，無論賊人搶劫的動機如何高尚，你也不能要受害人跟賊人團結一起。

事實是，那些人之所以能透過民主制度去促進團結，是因為他們不需付出代價。要留意，他們從來不提倡在全球層面進行類似的財富再分配。如果與不幸的人分享財富是公義的，為甚麼不把福利計劃拓展到全世界？為甚麼不在全球推行社會公義？顯然，在西方主張全球性財富再分配的人也意識到，這樣做會大幅把他們的年收入降低至只有幾千美元。但當然，他們不會介意跟富裕的人民"公平地分享"。

如果你想花錢捐獻，你不需要社會大多數人贊同你，只需有自由就可以了。你可以隨便打開自己的錢包，作出你希望的捐獻。你可以捐獻給慈善機構，或跟志同道合的人一起捐獻，但卻沒有任何理由迫使其他人跟你做同樣的事。

神話八：
民主制度是維繫社會所不能或缺的

　　在民主體制內，每一個觀點上的差異都可以引起權力和資源的鬥爭，往往會犧牲其他羣組以換取另一羣組的利益。每個人都會向政府提出要求，而政府則會壓迫其他人以滿足這些要求。因為政府只不過是一台依靠威迫來運作的機器，所以事情很難不這樣發生。

　　這個制度的結果是產生了刁民，他們對統治者的要求會越來越多，而如果他們的要求不被接納，便會不斷抱怨。與此同時，這些刁民因為沒有選擇，只能更投入這個制度，因為如果不這樣做，他們將被其餘的人排斥。可見這個制度削弱了人們自力更生的能力，同時亦削弱了人們幫助別人的意願，因為他們已經不斷被政府強迫去"幫助"他人。

　　現在，人民的心態變得如此"民主"，甚至不知道自己的舉動和想法是如何不合社會的情理。現時，誰想要組織一個體育會、一項文藝活動、一所日托中心、一個環保組織，等等，必定先試圖取得地區或國家政府的補貼。換句話說，他們希望別人為他們的嗜好付賬。這也不是完全不合邏輯，因為如果你不參與，就變成為別人的嗜好白白付賬。[27] 但是，這樣的遊戲規則跟人們認為民主能凝聚社區的想法格格不入，這只不過是搶奪公帑鬥爭中的優勝劣敗而已。

德國前總理和戰後德國經濟奇蹟的總舵手艾哈德（Ludwig Erhard），早就承認民主制度有這個問題。"如果我們持續採取這種生活方式 —— 當中沒有人願意承擔責任，但每個人都在尋找別人分擔自己的風險 —— 這樣我們又怎能繼續確保社會進步？"他慨歎："如果這種狂熱持續下去，我們的社會就會墮落成一個體制，當中每個人都用自己的手掏別人口袋裏的錢。"

不過，仍然有人會問，如果我們不再"一同"地作決策，我們會否失去國家民族的團結意識？這無疑是正確的，一個國家，在一定意義上，就是一個社羣。這沒有甚麼錯誤 —— 它甚至是一件好事，畢竟大多數人都不希望獨來獨往，他們需要夥伴，他們也因為經濟理由而需要對方。

但問題是：這種團結的感覺是否一定要透過民主達成？恐怕不是。當你談論一個社羣，你會說很多政治制度以外的事。人們透過他們的語言、文化和歷史來互相交流。每個國家都有其國家英雄、名人和體育明星，亦有文學、文化價值觀、職業操守和

27　意味人們透過這種方法強迫你參與，因為如果不參與，你的損失就是為他人作嫁衣裳，自己卻一無所獲。 —— 譯者

生活方式，這一切都跟民主制度沒有聯繫。早於民主制度出現之前，這一切都已經存在，它們沒有理由會因為缺少民主而不能繼續存在。

與此同時，任何國家都沒有完全統一的文化。在每個國家內，不同區域居住的人都有許多差異。許多地區和少數民族社區都有很強的內聚力，這並沒有甚麼問題。在一個自由社會的框架內，所有這些社會結構和承諾都可以共存。重點是，他們都出於*自願*的。因為文化和社羣是有機的實體，所以它們不是由政府強行組成的，也不可能強行組成。你不可能通過政府的力量強迫這些人住在一起，這些社羣的組成跟選舉制度亦沒有甚麼關係。

這些社羣與民主的區別在於民主體制下，其成員是被強制加入的。一個真正的社羣基於自願參與。這樣的社會當然包含一些 "民主" 的守則，例如一個網球俱樂部的成員可以投票選出主席、釐定會費水平，等等。這樣做沒有甚麼問題，因為作為私人會所，成員可以自由加入或離開。如果他們不認同會所的經營方針，他們可以加入其他會所甚至另起爐灶。私人會所或組織的自願參與性質 [28]，往往迫使它要良好經營。否則，如果董事會總是任人唯親，便可能導致大量會員退出。但是，在我們的 "民主俱樂部" 內，你沒有選擇離開的權利。[29] 民主是強制性的。

28　就是容許會員自由參與或離去。——譯者
29　除非選擇移民。——譯者

有時候，當人們談起他們的國家，他們會説"愛她便留下，否則離開"。但是，這説話意味着該國家是屬於政府的、屬於集體的。某人於偶然之下於這國家出生，根據上述説話的框架，就是隸屬於該政府的，儘管人們從來沒有選擇權。

　　如果有人在意大利西西里島被黑手黨勒索禁錮，沒有人會説，"愛她便留下，否則離開"這句話。如果一個國家把同性戀者關進監獄，沒有人會説"他們沒有理由抱怨，因為如果不喜歡這些規矩，他們應該移居"。正如西西里島不是合法地由黑手黨擁有，也正如美國（或任何其他國家）不是被大多數人或政府擁有。每個人都擁有自己的生命，也不應該為大多數人所想要的東西而活。人們有權利去管理自己的生命，做他們喜歡的事，大前提是他們不透過暴力、盜竊或詐騙傷害別人。可是，這項權利正被議會民主制度大大地剝削。

神話九：
民主等同自由和寬容

　　民主最深入民心的神話之一，就是把它等同於"自由"。對很多人來說，"自由和民主"的同在就像星星和月亮一同出現。但實際上，自由和民主是對立的。在民主制度下每個人都必須服從政府的決定。即使政府實際是由大多數人選出來的，這又如何？不論由社會上多數人來實行，抑或只由一個統治者來執行，強迫就是強迫。

　　在我們的民主制度內，政府一錘定音後，人民就自動被置於政府決策的網羅底下。不服從者會被罰款，如果拒不繳納罰款，則難免牢獄之災。事情就是那樣簡單，嘗試不支付交通罰款，又或拒不交稅，從這些層面來看，民主和獨裁之間沒有根本的區別。對於像亞里士多德那些活在民主尚未被神聖化的時代的人，這是顯而易見的。他寫道："無限的民主政治，就像寡頭政治，只是一種分佈在大量人身上的專制。"

　　自由是指你不必屈從大多數人加諸在你身上的要求，而是你有權自決。正如經濟學家約翰・文德斯（John T. Wenders）曾經説過："民主和自由之間是有分別的。不能以人民是否有投票的機會來量度自由。反之，可以通過我們有多少範疇可以'不用'以投票決定來衡量自由。"

可是在民主制度底下，可以不用投票作決定的範疇少之又少。我們的民主不但沒有帶給我們自由，而是帶來專制。政府頒佈了無數法律，阻礙了許多社會上自發且自願的交易和關係。租客和房東不得隨意以他們認為合適的方式訂立合同，僱主和僱員不得隨意按他們希望的工資和勞動條款合作，醫生和病人不能自由決定使用甚麼樣的治療或藥物，學校沒有自由教他們想教授的東西，人民不准"判別"他人，企業不得僱用他們心儀的員工[30]，人民不得隨意選擇他們想從事的行業[31]，在許多國家中，政黨必須預留某部分職位讓女性作候選人競選，教育機構要有基於種族的配額，這些個案不勝枚舉。這一切都不代表自由。為甚麼人們沒有權利制定他們理想的合同或協議呢？為甚麼一些無關的人有干預協議的發言權呢？

人民私下協議的自由，受到一些法律干涉，這可能會使某些羣體得益，卻不約而同地會傷害到其他人。例如最低工資法使某些工人得益，但他們傷害了生產力較低（就是生產力不能達最低

30　一些政府要求男女性的比例，甚至員工膚色的比例，這是剝奪了企業僱用員工的自由。——譯者
31　受制於發牌制度。——譯者

工資要求）的人。聘用這些人變得過於昂貴，他們都被迫失業。

同樣地，防止僱員被解僱的勞工法例可能會使一些人得益，但這令僱主不敢僱用新人。面對越嚴格的勞動法，僱主越有理由擔心業務發展會被一些他們想解僱卻解僱不了的僱員阻礙。其結果是，就算在景氣的時候，他們也盡可能僱用少一些人。同一道理，低技能的人就最受害。與此同時，由此而來的高失業率使仍有工作的人因害怕改變而不敢轉行。[32]

同理，房租管制法令現有租戶得益，但是卻打擊業主放租和地產商投資興建新房子的意慾。因此，這些法例會導致住房短缺並抬高租金，損害了正在尋找居所的人的利益。

或者，例如規定產品和服務最低標準的法律，是否可以令所有人受益？當然不是。這些法例限制了供應、減少消費者的選擇和抬高了價格（所以，再一次，它們特別損害了窮人的利益）。例如，強制汽車安全標準法例抬高了價格，讓低收入人士無法負擔，他們本來可以選擇承受較高駕駛風險但付出較低價錢，但有管制後他們都失去了選擇的權利。[33]

要知道為甚麼這些"保護"規定有嚴重的缺陷，試想想如果

---

[32] 隨着科技急速發展，一生人要有轉行準備是生存之道，可惜目前的勞動法越來越緊，令人對轉行或轉營非常恐懼，甚至連想都不敢想，使人變得墨守成規。——譯者

[33] 這並非匪夷所思。在香港，許多人不是因負擔不起汽車而選擇較危險的電單車嗎？——譯者

政府將禁止出售任何質素低於平治（Mercedes Benz）品牌的汽車，會否保證我們都將駕駛到最好和最安全的汽車？當然會，不過恐怕只有那些負擔得起平治汽車的人仍然會選擇駕駛。或撫心自問：為甚麼政府不頒佈增加最低工資三倍？這樣大家都可以賺很多錢，不是嗎？當然，那只適用於那些仍然能夠保着工作的人。其他已失掉工作的人，當然不會得益。政府沒有魔法，即使很多人以為法例能賦予政府這樣的神奇能力。

在民主體制內，你必須做政府吩咐你做的，因為你所做的一切，基本上要從政府獲得許可。現實中，政府仍然容許大程度的個人自由，但要強調這是政府所允許的。在民主體制內的所有自由，都是政府賦予的，既然如此，政府亦可以在任何時候拿走。

雖然沒有人在喝啤酒前會從政府部門申請許可，但事實上就是有這樣的意味。[34] 如果我們的民選政府想的話，他們可以禁止喝啤酒。事實上，這一禁令就曾在美國頒佈過。到目前為止，你必須要達 21 歲才被允許喝酒。

其他民主國家也有類似的規定。在瑞典，你只能在國營商店購買烈酒。在許多國家，當娼妓是非法的。挪威甚至有法例禁止公民在國外嫖娼。在荷蘭，你需要政府批准才可搭棚或改變自己房子的外觀。顯然，這些都是獨裁的例子，不是自由的表現。

34　在香港喝啤酒不用申請，可是售賣啤酒就要申請酒牌。——譯者

　　有時我們會聽到一些反駁，指在西方民主國家，社會的大多數人不可以呼風喚雨，甚至民主國家很自然地會保障"少數人士的權利"。這也是一個神話。的確，目前有一些少數羣體享有政府的特殊"保護"，像女權主義者、同性戀者和少數族裔。其他的少數羣體，如墨西哥人、吸煙者、吸毒者、企業家、貧民區居民、基督徒——就不能指望可享受這樣的特權。一些少數羣體之所以得到社會支持，是因社會風氣甚於民主因素。

　　一些少數羣體不被政府干預甚至擁有特權，背後有着許多原因。有些羣體非常積極爭取權益，當他們的"權利"（即特權）受到威脅，他們會立即走上街頭示威，例如某些公務員，或者工會工人，或是法國的農民。有些羣體則被政府小心翼翼地對待，因為當政府想把規例加諸他們身上時，他們可能會有激烈的回應，例如足球流氓、種族幫派，或環保人士。如果曾為大多數人的吸煙者，以前曾對被踐踏的自由作出猛烈回應的話，許多現有的反吸煙法就不太可能被通過。

　　關鍵是，民主制度本身或是在民主的原則底下，根本沒有甚麼能保證少數羣體的權利。民主的原則，恰恰是少數羣體的權利可隨時被犧牲剝奪。議會或國會可以置少數羣體的利益於不顧，隨時通過各式各樣的法律。同時潮流之改變，今天被照顧有加的少數羣體明天可能成為代罪羔羊。

　　但民主國家不是都有憲法來保護我們免遭受"多數人的暴

政"嗎？某程度上是的。但需要注意，美國憲法的通過要比美國發展成民主國家要早。另外，通過民主制度，憲法亦可以依照社會大多數人的意願來修改，而這樣的事情經常發生。禁酒法例就是根據一項憲法修訂而被通過，所得稅法例也是。憲法修正案的存在，表明憲法受到民主體制的控制，就是社會大多數人説了算。不過原來的憲法亦非完美，例如它允許蓄奴。

其他民主國家也有憲法，不過比美國憲法更不能保障個人自由。根據荷蘭的憲法規定，國家必須提供工作、住房、民生、醫療保健、財富再分配，等等。這部憲法看起來更像是一個社會民主黨（Social Democratic Party）的競選綱領甚於個人自由的宣言。歐盟有一部憲法，裏面説"憲法應當在經濟平衡增長和物價穩定、高度競爭的社會市場經濟、旨在充分就業和社會進步，和保護與改善環境質量的基礎上，為歐洲的可持續發展服務。"上述和憲法內的其他條文，為歐盟當局規範人民的事務提供很多空間。順帶一提，法國人和荷蘭人就曾於公投投票反對這一項憲法，但它最終還是被確立了。

民主政制也常被説成跟言論自由密不可分，但這又是一個神話。民主裏頭沒有甚麼有利於言論自由的理念，這情況早已被蘇格拉底發現了。民主國家有各種限制言論自由的規則。在荷蘭，法律禁止人民侮辱女王。

在美國，憲法的第一修正案保證言論自由，除了"淫穢、誹謗、煽動暴亂和具挑釁性的字句，以及騷擾、保密通訊、商業秘密、保密材料、版權、專利、軍事行為、商演如廣告、時間、地點和方式的限制"。上述都是諸多的例外。

要留意，美國憲法 ── 和它附帶所保護的言論自由 ── 是在美國民主化之前已得到確立的。西方民主政制下的人民享有多項自由並非因為民主政制，而是在他們國家被民主化之前，他們已有源於 17 和 18 世紀出現的古典自由主義傳統。許多人在這些國家不想放棄這些自由，儘管自由的精神已經不斷被民主干預之手蠶食。

在世界其他角落，當地人民仍不太重視個人自由。許多非西方民主國家就對個人自由不大尊重。在一些擁有民主制度的伊斯蘭國家（如巴基斯坦），婦女沒有甚麼自由，也沒有言論或宗教的自由。在這些國家，民主只淪為把壓迫合理化的工具。如果民主在君主專制的地方像杜拜、卡塔爾或科威特實行，很可能會導致更少（而不是更多）的自由。巴勒斯坦人在加沙地帶的民主選舉就產生了屬原教旨主義、並不對自由精神很熱衷的哈馬斯政權（而因此，諷刺地，不被同樣是民主的美國和其他西方國家的政府所接受）。

神話十：
民主促進和平和打擊貪腐

在國際舞台上，民主國家幾乎從定義上就必定被視為好人，其餘的都是壞人。畢竟民主國家都愛好和平，不是嗎？那不一定。很多時候，民主國家表現得相當好戰。美國作為世上最強大的民主國家，曾在全球發動數十場戰爭。美國政府亦進行了無數次政變，推翻政府，支持獨裁者（蒙博托、蘇哈托、皮諾切特、馬可斯、索摩查、巴蒂斯塔、伊朗國王、薩達姆·侯賽因，等等），並向手無寸鐵的平民投擲炸彈，甚至原子彈。目前，美國軍隊已經在 100 多個國家內設有 700 多個軍事基地，在"防衛"上的開支大約是全世界其餘國家的總和。

民主的英國則於南非 [35] 發明了集中營，並率先通過空中轟炸壓制其殖民地的民族主義抗爭，（於上世紀的 20 年代在伊拉克）把一些村落完全摧毀。民主的大英帝國在她的殖民地壓制許多獨立起義，例如在阿富汗、印度和肯尼亞。民主的荷蘭於二戰被盟

35　布爾戰爭（Boer War）。——譯者

軍從納粹手上解放後，便立刻發動戰爭對付在印尼的獨立運動。法國在印支半島亦做了同樣的事。其他民主國家，如比利時和法國就在非洲發動過許多骯髒的戰爭（如在比屬剛果和阿爾及利亞）。美國目前仍在伊拉克和阿富汗參與戰鬥，當中有酷刑發生，釀成無辜的受害者數以千計。

這個神話衍生了另一個說法，就是民主國家不會*向另一個民主國家*發動戰爭。英國前首相戴卓爾夫人在 1990 年訪問捷克（Czechoslovakia）的時候便說過"民主國家不會彼此開戰"。比爾·克林頓也於 1994 年向美國國會說了類似的話："民主國家不會互相攻擊對方"。這意味着民主國家所發動的戰爭，或多或少是有道理的，因為他們不是針對其他民主國家，而再進一步，如果整個世界都變成民主，就不會再有戰爭。

事實是，自二戰以來大量"西方"國家 —— 恰巧也是"民主國家" —— 參加了北約聯盟，意味它們攻擊對方的可能性很低。但這並不等於這跟民主或歷史上來說民主國家都會和平相處的說法有甚麼關係。

古希臘的民主城邦就經常發動戰爭互相征伐。1898 年，美國和西班牙亦打了一場戰爭。第一次世界大戰的征討對象德國，民主程度並不比英國或法國低。雙方都擁有民主選舉的印度和巴基斯坦，自 1947 年以來就打了幾場戰爭。美國支持一些反民主的政變，針對伊朗、危地馬拉和智利的民選政權。以色列也發動戰爭打擊民主國家如黎巴嫩和加沙地帶。民選的俄羅斯政府最近就向民主的格魯吉亞開戰。

二戰後，現代西方民主國家沒有發動戰爭互相攻擊的原因，是基於非常獨特的歷史背景，在此基礎上很難得出一般的結論。最重要的原因是，他們都在同一個軍事同盟 —— 北約集團中團結起來。[36]

也有另一個"規則"："只要有麥當勞餐廳的國家，她們便不會開戰互相攻擊"，這個觀察在很長時間裏都適用，直到塞爾維亞在 1999 年被北約轟炸（後來的反例是黎巴嫩被以色列侵略和俄羅斯與格魯吉亞之間的衝突），但這跟克林頓和戴卓爾夫人的言論一樣沒有甚麼意義。

其實，我們亦可以反證，民主令戰爭*更加慘烈*。直至 18 世紀，在民主制度普及以前，西方國家的國王發動戰爭只會派出僱傭軍。當時沒有徵兵制，人民並不需要攻打或憎恨別國。

不過，隨着擁有民族主義色彩的民主國家（democratic-nationalist states）崛起，上述情況便改變了。[37] 在所有民主國家，一般都有

36　北約的盟主美國幾乎在每一個西方盟主國家都有駐軍。某程度上，歐洲許多國家在二戰後幾十年來根本沒有真正獨立，她們仍受美國的軍事干預。在美國作為最終話事人的情況下，沒有美國的批准，西方民主國家怎敢發動戰爭互相攻擊？ —— 譯者

37　民主和民族主義是雙生兒，民主盛行以後，一些人民開始有當兵衛國的責任感。在國王還有實權的年代，人民沒有當兵的責任感，甚至往往逃避兵役，因為只不過是國王想打仗，不同於現代國家，人民往往有發動正義之戰的感覺，政府因此亦有徵兵的藉口。 —— 譯者

徵兵制，這制度始於法國大革命時的法國。一旦有戰爭，整個國家便會動員起來攻擊敵國。因為國家可隨時徵收新兵彌補，一般徵召入伍的士兵很容易被當作炮灰。

如果説民主等同民族主義，好像不太公平，但是這兩種意識形態不約而同盛行起來是有原因的。民主的意思是政府由"人民"組成，這種概念肯定包含了民族主義的傾向。伴隨民主帶來的"權利"，必然是民主的義務。你擁有投票權，就必須負上保護國家的責任。

讓我們回想第一次世界大戰所帶來的災難 —— 它導致了 20 世紀極權國家和第二次世界大戰的出現 —— 很大程度上是由民主或半民主國家發動的。第一次世界大戰之所以在歐洲發生，便是因為擁有民主色彩的民族主義國家摒棄了古典自由主義思想。

在美國，為戰爭推波助瀾的是 19 世紀末開始主宰輿論的激進民主人士（progressive democrats）。美國就在威爾遜總統的著名口號"讓民主在世界上有更安全的環境"之下，參加了第一次世界大戰。如果美國人仍然秉承開國元勳那種自由（libertarian）和不理外國事務（isolationist）的原則，美國就不會參加第一次世界大戰，而戰爭很可能會不分勝負。在這種情況下，盟軍就不會在把極度苛刻的《凡爾賽和約》加諸德國人身上，希特勒可能就不會執政，而第二次世界大戰和大屠殺亦不會發生。

民主亦不一定如許多人聲稱，會帶來更多的"透明度"或問責。事實上，政客本身需要選票來當選便會促成貪腐。他們需要為選民做些事情為自己爭取選票。這種利用公帑買選票的貪腐在美國特別普遍。美國的政客往往不惜一切代價為他們的州份或地區爭取聯邦基金或資助項目。此外，他們往往是強大的遊說組織的走卒，因為這些組織會資助他們競選活動的昂貴經費。再者，首都華盛頓的"旋轉門"已經是臭名昭著，有權有勢的人公然從政治範疇遊走到私人企業（或軍事事業），然後再返回政府，完全沒有任何顧忌。

其他民主國家也顯示類似的貪污情況。在發展中國家，民主幾乎總是與貪腐並駕齊驅。這情況也適用於像俄羅斯、意大利、法國和希臘等國家。不論甚麼政治制度（當然也包括民主制度），只要國家有很大的權力，貪腐幾乎不可避免。

神話十一：
民主令人民各得其所

民主背後的基本理念，是人民得到他們想要的東西，或者至少，是社會上大多數人想要的東西。換句話說，我們可能會埋怨民主制度的結果 [38]，但這結局也是我們所要求的，因為我們已經透過民主程序作出選擇。[39]

理論上，這聽起來不錯，但現實卻是另一回事。例如，假設每個人都希望有更好的教育。可是現在，我們並沒有得到更好的教育。我們得到的是教師遭騷擾、校園暴力、像工廠倒模式的學校中學生讀寫和算術能力日益低落，絕對不是更好的教育。

這究竟是怎麼回事？這絕對不是由於沒有民主，相反是民主制度運作下的必然結果。實情是教育在民主制度下，政客和官僚就決定了辦學方針和資源運用。這意味着家長、教師和學生在自我選擇的角色變得次要。政府的干預代表了學校和大學充斥着來

38　即心儀的政黨未能當選執政。——譯者
39　就是閣下既然參與了遊戲，就應服從遊戲規則，願賭服輸。——譯者

自教育部的計劃、要求、法規和規章。官僚化架構不會辦到好教育，只會令教育變得更壞。

然後，當人民抱怨教育質素，政客便會以實施更多監管來應對。他們還有甚麼法子呢？政客和官僚完全不會想到他們應該結束干預。因為如果他們停止插手，便等如暗地裏承認自己是多餘的，甚至是越幫越忙。他們永不會停止插手，這不符合他們的利益。

新的監管使問題變得更糟，因為他們進一步限制學生、家長和教師的角色。進一步的官僚，亦造成更多扭曲的政策。例如在荷蘭，官員對學校的授課時間有最低要求，表面上是為了確保教育的質素，但是，他們沒有針對教師短缺的問題，所以學校唯有把學生留在課室內無所事事幾個小時。既然政府只懂得用數字來管理，這也就不足為奇了。官僚遙控辦學，可以衡量的唯一事情就是數量。現實上，只有那些直接參與的人才可以看到質量。

民主制度其實可以跟前蘇聯的國營工廠相比。這些工廠被中央根據數字進行控制和管理。儘管（或者說是因為）它們受到中央注視，生產的質量依舊差勁。在共產制度下生產的汽車沒有一輛能與西方的產品競爭。這是因為生產是由官僚，而不是由消費者控制。官僚怎能知道消費者想要甚麼？官僚們需要改善甚麼政策？

前蘇聯的中央計劃經濟沒有帶來技術和文化的創新。共產主義國家中有多少新發明？質量和創新是競爭和選擇的結果，而不是靠中央控制和政府脅迫。如果民營企業想生存下去，就必須盡量降低價格，或通過創新、提升質量或提供更好的服務來競爭。但國有企業沒有這樣的誘因，因為它們有來自政府的支持。[40]

因為我們的教育制度（部分）的組成是通過民主制度，它（在一定程度上）是政府的產品，使它類似於前蘇聯的國營工廠。順帶一提，這個例子說明了民主必然有社會主義的傾向。自由市場並不以上述的民主制度運作。然而，在一定的意義上，自由市場比民主制度更"民主"，因為人民可以作出自己的選擇，而不是由政府代人民作選擇。

上述教育的例子也適用於其他透過所謂民主程序管理的行業和部門，如醫務衛生和維持治安。大多數人希望有更好的治安，然而，民主不能提供人們想要的東西。人民投票給政客就是希望他們遵守承諾打擊罪案，但結果通常造成更多（而不是更少）罪案。

在荷蘭，人均犯罪率於 1961 年至 2001 年間增加了 6 倍，而每年有記錄而仍未進行調查的刑事犯案仍有 70 萬宗。在許多情況下（至少 10 萬宗），即使警方知道誰是罪犯，他們也不去跟進，因為他們沒有時間或根本漠不關心。警員得花大量時間處理文書

40　意味不需要理會消費者的愛好。——譯者

工作。儘管如此，他們卻有時間查封大麻種植場和檢控犯輕微交通違法行為的人。

　　警隊表現不佳是民主程序制所導致的直接結果，因為警方獲授予執法權的壟斷。大家都會明白，如果埃克森美孚公司被政府授予石油市場壟斷的特權，汽油價格將會上升，服務質素會直線下降。這道理一樣適用於警隊，因為如果警隊打擊罪案不力，逮捕的罪犯越少，它們反而會收到更多的撥款。如果警方成功地減少罪案，他們的撥款將被削減，警察將失去工作。同樣的道理亦適用於所有政府機構。你甚至不能責怪在這個架構中工作的人。在這個扭曲了的系統中，只有最勤奮、最正直的人才會有出人意外的表現。

　　儘管警隊都不太擅於捉賊，可是他們卻非常擅長一件事：填寫表格。任何有報案經驗的人都可以證明這一點。你也很難責怪警員──他們都不斷受朝令夕改的規例疲勞轟炸。在荷蘭，有7,000 名警務人員於 2005 年至 2009 年間加入警隊，當中只有 127名警員活躍於巡邏工作。根據警方資料，這是政府大量新法例而造成龐大官僚工作的後果。

　　更糟的情況是，警員擁有越來越多──而不是更少──的權力，情況在美國尤其嚴重。在 9/11 恐怖襲擊後，執法機關被賦予越來越多──但可被商榷──的權力，例如用來預防恐怖襲擊的機場搜身、監聽的權力、折磨嫌疑恐怖分子，以及忽略長久以來法律制度賦予公民的司法保護，如人身保護令（habeas corpus）。

對於目前加諸我們身上由上[41]而下發號施令的保安制度，有沒有更好的替代選擇呢？當然有。其中一個方法是增強個人、企業、社區或城市對自己的安保的控制權。目前警隊的壟斷應該讓出給私人保安公司競爭。人們不應再被迫交稅供養政府警隊，也應被允許僱用私人保安公司。這將會降低價格和提高質量。而現在，人們越來越意識到不能依靠政府警隊保護，故私人保安行業正在快速地成長。[42]

在教育和警隊出現的問題，在其他"公共"部門，如醫務衛生，也會出現。這再一次證明，民主制度必然導致低質素和價格高昂的公共事業。人民應該要開始思考，如果醫療保健成為真正自由市場的一部分，會有甚麼創新出現。[43]

事實是，人們通常不會在民主制度下得到他們想要的東西。民主制度的一刀切原則，導致中央集權、官僚主義和壟斷（社會主義的特點），必然導致低質量和高成本。

民主往往違背承諾 —— 如果你還需要證明，請你想想在每

41　指國會內的政客。—— 譯者

42　私人保安取代警隊真的不可思議嗎？在美國荷李活，著名演員都僱用私人保安（他們一面支持槍管，一面僱用荷槍實彈的私人保安，此乃後話），有錢人都向這方面進發。至於在英國，米特蘭斯（Midlands）和素里（Surrey）市已經批出超過 15 億英鎊的保安合同予私人保安公司競投，它們擁有查案和拘留疑犯的權力。—— 譯者

43　激光矯視在幾乎沒有政府干預的情況下價格大幅下跌，技術越趨純熟（雖然如所有手術一樣，也有少數失敗個案），是為一例。—— 譯者

一次選舉，政客都承認政府把許多事情都弄得一團糟。每一次他們總承諾會進行大刀闊斧的改革，改善教育、治安、醫療等等。但他們總是提供相同的解決方案：給我們更多資源和更多權力，我們將解決這些問題。當然，問題永遠不會解決，因為這些問題都是由同一班政客不當使用資源和權力而引致的。

神話十二：

我們都是民主派

　　如果民主不能提供人們真正想要的東西，為甚麼大多數人還是支持民主呢？儘管正常思維的人有時也會埋怨政府，但他們不是所有都一定相信民主嗎？

　　其實，後者值得商榷。要知道人們是否真正相信一樣東西，並不取決於他們在*說甚麼*，而是看他們在自由選擇的情況下會*做甚麼*。如果有人被迫天天吃雞肉，而他說他愛吃雞，這就不是很有說服力了。如果他有自由選擇不吃雞肉，他的說話才可信。這同樣適用於民主。民主帶有強制性，每個人都必須參與其中。個人、城鎮、城市、縣、州都必須服從，沒有人可以"脫離"。如果人們可以選擇搬到另一個 20 英里以外的城市，需要放棄投票權，但稅收較低和官僚干擾較少，他們會不會這樣做呢？許多人或許會。許多人用腳投票，已經移民到世界上繁榮卻幾乎或根本沒有民主的地區。[44]

44　正如不少歐美人士移民到香港一樣。——譯者

如果有人在一個民主國家裏說他贊成民主，聽起來就像前蘇聯公民說，即使可以購買一輛雪佛蘭或大眾汽車，但他也會選擇拉達（Lada）[45] 一樣。當然可以，但不太可能。像前蘇聯公民只可以選擇拉達，我們除民主外也別無選擇。

事實上，許多正常思維的民主派都會毫無疑問逃離目前所遇到的壞政策，縱使他們通過投票箱間接支持並促成該些政策。如果人民有選擇，他們在不知道社會保障福利到退休的時候是否仍存在的情況下，還會自願繳納社會保障稅給政府嗎？如果他們有權選擇如何花自己的錢，他們還會自願支付一些低質量、價格高的政府服務嗎？

美國經濟學家沃爾特·威廉斯（Walter Williams）認為，我們一般都不希望自己的個人決策會變為民主決策。[46] 他寫道："為了突顯民主和'少數服從多數'如何侵害自由，只須撫心自問，想想在生活中你希望有多少決定以民主方式進行。例如開甚麼車、住在哪裏、和誰結婚、感恩節晚餐吃火雞還是火腿，如果是通過民主程序作出的決定，一般人都會認為這是專制，而非個人的自由。如果購買醫療保險或預留多少錢作退休之用也要由民主決定，這又何以不是專制呢？因此，無論是為自己，還是為世界上

45　Lada，汽車品牌，產於前蘇聯，以品質差劣見稱。蘇聯人當時活在專制之下，沒有權利選擇國外汽車。──譯者

46　即由許多人投票代為決定。──譯者

的其他人，我們應該提倡自由，而不是目前的'民主'，因為我們的國會就像流氓一樣，只要湊出多數票，便可以為所欲為。"

事實上，許多民主的支持者並不真正相信他們所推動的事情，這可以從民主國家裏，政客和政府官員言行不一的偽善行為中看出來。想想一些社會主義政客批評大企業高級管理層薪酬太高，可是在他們從政壇退下來後就加入那些大企業。或者，一些政客鼓吹多元文化的好處，可是自己卻住在白人的社區，把孩子送到白人的學校。又或政客投票支持戰爭，卻永遠不會把自己的孩子送到前線打仗。

為甚麼人們聲稱支持民主，卻言行不一？這有幾個原因。首先，人們傾向把目前相對上的繁榮歸功於我們所身處的政治制度，這是可以理解的。我們相當富足，同時我們生活在民主制度下，所以民主必然是一個很好的制度，人們就是由此推論下去。但是，這是荒謬無比的。嘗試跟一些為前蘇聯的列寧和斯大林辯護的人對比，他們會說，這些獨裁者都可能犯有暴行，但人們卻應該感謝他們，因為在他們統治下前蘇聯成功工業化，而每個人都得以有電力供應。但是，即使列寧和斯大林從來沒有出現過，俄羅斯也會在二十世紀完成"工業化"和"電氣化"。同樣，我們目前在社會取得的發展不能單單歸功於我們的政治體制。看看中國，她的經濟增長速度驚人，但該國沒有民主。繁榮是建基於人民享有的經濟自由度水平和私有產權的保障，而並非建基於有多少民主。

人們傾向支持目前民主制度的第二個原因，是他們難以想像如果能保留全部收入而不用交稅的生活會怎樣。你看得見"免費"的公路，但你卻看不見用相等公共開支興建的新醫院。你也想像不到如果你不用交稅支持伊拉克戰事，你的錢可以用來度過一個怎樣的假期。更難察覺的，是如果政府不干預經濟，社會可以產生多少創意。毫無疑問，在一個自由市場裏，許多能拯救生命的嶄新醫療技術應早已被開發，奈何目前已遭官僚扼殺。

看起來，政府好像變魔術似地提供很多免費的東西，但其實要付出隱藏代價：那些服務、產品、創意 —— 所有可能發生的事情和項目，也因為被政府的規管扼殺而沒被創造出來。人們只看到政府變戲法的帽子，卻看不到被扼殺而消失的一切。

為何我們都自認民主派還有第三個原因，就是我們不斷被洗腦，稱呼我們是民主派。我們的學校、媒體、政客都不斷發出信息，聲稱民主制度以外只有獨裁專政。面對民主作為敵擋邪惡堡壘的神聖地位，有誰敢反對它？

神話十三：
沒有（更好的）選擇

　　如果你說你反對民主，人們馬上就會懷疑你是否贊成獨裁統治。但是，這根本是無稽之談。獨裁專政不是民主以外的唯一選擇。例如買車不依民主方式作決定，不代表一定要獨裁者幫你作決定，你可以自己作決定。

　　邱吉爾說過：" 除了其餘都已實驗過的模式之外，民主是最糟糕的政府模式 "（Democracy is the worst form of government except for all the others that have been tried.）。換句話說，民主有其弊端，但世上也沒有更好的制度。福山方濟（Francis Fukuyama）在他的暢銷著作《歷史之終結與最後一人》（*The End of History and the Last Man*）中，甚至寫了一篇關於 " 西方自由民主作為人類政府終極模式之普及化 " 的文章。似乎，比民主更好的制度永遠不會發生。

　　因此，任何批評民主的聲音很容易被消滅於萌芽。民主站於 " 所有政黨和意識形態 " 之上，而正因為擁有如此光環，不同或更好的選擇變得難以想像。但這是純粹的文宣洗腦。民主是政治組織的其中一種形式，沒有理由說它就一定是最好。我們沒有在科學領域使用民主，我們不對科學真理投票，我們只用邏輯、客觀事實和合理理由。因此，沒有理由認為民主必然是政治領域裏最好的制度。

為甚麼人們不能組織起一個不同於所謂"人民當家"的國家？例如在較小的社區？但要把權力下放到小社區，在很大程度上受到我們的民選統治者反對，甚至變得不可能。如果民主真的是這麼好的制度，你應該會期望人們被給予選擇自願加入或脫離民主國家的自由吧？既然民主那麼好，想必大多數人都會排隊加入吧？但現實絕對不是這種情況。在任何民主國家，包括美國，沒有州份或地區會被允許脫離，自行我路。

事實上，民主國家的發展跟上述所說的幾近相反，是越來越趨向中央集權的方向。歐洲正逐步邁向一個超級民主國家。現在德國人可以決定希臘人應如何生活，反之亦然，結果令人相當可疑。在這個超巨大的民主體系中，各國能夠讓其他國家的人民負擔自己國家的短視經濟政策的後果——就像一些在民主國家內的人民可以讓其他國人負擔自己的生活一樣。有些國家胡亂花費——她們不儲蓄、縱容公務員享受優厚的養老金計劃、不斷製造永遠無法還清的債項——如果她們能得到其他歐盟國家的同意，獲得足夠的票數，就可以強制那些管治良好的國家的納稅人來為她們付賬。這是在歐洲層面上的民主邏輯。

　　一個民主國家越大，人口的混和組成就更不同，出現的緊張局勢就越大。在這種狀態下，各種族或團體會毫不猶豫地使用民主過程進行掠奪和干預，盡可能以此從其他群體身上獲益。在行政單元小、人種文化和宗教單一的社區，民主被濫用的情況會相對有限，因為社區內各人都互相認識，覺得彼此關連，就不太容易去奪取別人的財物和壓迫對方。

　　因此，給予人們把"行政從政府脫離"的選項，是一個很好的方案。如果新罕布什爾州可以依照這個原則脫離美國，該州份就有更多自由安排處理自己的事的機會，比方說，不用依循加州的那一套做事。它可以推行有利於企業家和員工的稅收制度。州份可以互相競爭，法律也會更加符合人民所想。人們可以用腳來"投票"，即移民到不同州份居住。管治將變得更有活力，並減少了官僚主義。州份間可以互相學習，因為她們可以嘗試推行不同的政策。

　　例如，給予窮人的福利可以透過地方政府推行得更好。當地政府的近距離控制可以防止濫用，也可以保證真正需要幫助的人可以獲得援助，而金錢不會浪費在拿便宜的人身上。瓦解全國性的民主福利國家，也是有助少數人士成功融合的重要因素。現在，許多新移民只是靠福利國家援助，他們都是不受歡迎的移民。但是，只要新移民能照顧自己，並願意融入社會，大多數人都不介意和他們共處。

順帶一提，邱吉爾也説過："反對民主的最好反駁，就是和一位普通選民談上五分鐘"。

第二章

民主的危機

民主的初衷可能是個偉大的理想，以讓人民獲得權力 [1]，但經過 150 年來的實踐，可見其結果並不理想。現在已經很清楚，民主是一種專制，而不是一種成就自由和開放的力量。西方民主國家都走上了社會主義的道路，她們的發展停滯、腐敗、專制和官僚化。正如本書之前的章節所述，這些事情之所以發生並非因為民主理想已經被顛覆，而是相反地，民主本身帶有集體主義的本質。

　　如果你想知道民主真正如何運作，可以考慮這個例子。希臘社會主義政客喬治‧帕潘德里歐（George Papandreou），僅用了一句簡單的宣傳口號："這裏有錢！"就在 2009 年贏得了國家選舉。他的保守派對手提倡削減公務員薪酬和其他公共開支。帕潘德里歐說，這沒有必要。"Lefta yparchoun"就是他的競選口號 —— 這裏有錢。他輕鬆贏得了選舉。現實上，他當然沒有錢。或者說，這些錢必須由其他歐盟國家的納稅人提供。不過在民主制度內，大多數人的意見就等如正確，當他們發現竟然可以用選票使自己更富有，就很難避免他們會這樣做。期望他們反對帕潘德里歐才是幼稚的想法。

　　希臘的例子說明了，民主國家的人民很自然會轉向政府尋求照顧。民主管治意味着需要政府來管治話事。如此，人們就會不

斷向政府要求。他們將越來越依賴政府幫助他們解決問題，甚至把自己的生命託付於它。無論遇到甚麼問題，他們也會期望政府出手解決。癡肥、濫藥、失業、教師或護士短缺、參觀博物館人數下降，總之你說得出的，國家便一定要做些事情。無論發生甚麼事——戲院發生火災、飛機墜毀、酒吧毆鬥——人民也期望政府善後，並確保這樣的事情不會再發生。如果他們失業了，他們期望政府"創造就業機會"。如果汽油價格上漲，他們又會希望政府做些事情。在 Youtube 上有一段短片，訪問了一位剛剛聽了奧巴馬總統演講的女士，她幾乎是喜極而泣。她激動地說："我不會再擔心不夠錢支付汽油費或住房按揭了！"。這就是民主制度所衍生的心態。

　　政客都非常願意為人民提供他們的所想所求。他們就像智者，手拿錘子，眼中的一切就像釘子，一擊即中。同樣地，面對社會上的每個問題，政客都自認為疑難解決者。畢竟，這就是他們被選出來的原因。他們承諾人民會"創造就業機會"、降低利率、增加人們的購買力、令最窮的人都可負擔置業、改善教育、為我們的孩子建設遊樂場和體育場地、確保所有產品和工作場所安全、為大家提供良好的和廉價的醫療服務、解決交通堵塞問題、改善治安、制止社區裏的刑事破壞、在世界其他地方捍衛我們的"國家"利益、在全球實施"國際法"、促進思想解放和反對歧視、確保食品安全和食水潔淨、"拯救全球氣候"、使國家是地球上最清潔、最環保和最具創新的地方，並令全球再沒有飢餓。政客將履行我們的所有夢想和要求，從我們出生到死亡都要提供保護，確保我們從清晨到深夜都愉快滿足。當然，更要削減預算、降低稅收。

上述不過是民主虛構出來的白日夢。

民主的罪惡

顯然，現實世界並不能這樣運作。政府無法實現這一切。最終，政客唯一可以做的事情，包括：

1. 單單以金錢解決問題；

2. 通過新法例和監管；

3. 設置新委員會來監督並執行新的法例。

作為政客，他們實在沒有別的事情可以做了。他們甚至不能支付上述活動的開支，只能留給納稅人來付賬。

你每天都可以看到這個制度所釀成的後果：

官僚。民主制度到處孕育了巨型的官僚機構，這些官僚人員擁有隨意的權力來規管我們的生活。由於他們來自政府，他們有能力使自己免於嚴峻的經濟環境，而這些經濟現實卻是一般人需要面對的。政府的部門永遠不會破產，而公務員近乎不可能被解僱，他們亦很少會誤墮法網，因為他們就是法律。與此同時，他們透過法例和監管把許多負擔加諸我們身上。每一處新成立的企業都被眾多的法例和政府官僚所產生的成本阻礙，現有企業亦在重重的官僚體系下深受其害。根據《維基百科》上的一篇文章，美國的"小企業管理局"（Small Business Administration，請注意，這是一個政府機構）估計，企業花於應付法規規管的費用，達到每年 17,500 億美元。而窮人和教育水平低的人最為所害[2]：因為最低工資法和其他法律大幅提高他們的勞動成本[3]，他們找不到工作，被迫退出勞動市場。他們也很難創業，因為他們不懂在重重的官僚系統下周旋。[4]

寄生主義。除了政府官僚和政客，還有另外一批人是民主制度下的既得利益者，就是那些依賴政府資助和享有特權的企業和機構。試想想那些在軍工企業、銀行和金融機構工作的管理人員——這些機構都是依附着聯邦儲備局生存的。還有其他在"資助部門"——文化機構、公營電視、社福機構、環保團體，等等——更不用提像馬戲團一樣的"跨國性機構"工作的人。許多人能夠擁有這些高薪厚職，只不過是靠他們與政府或政府機構的裙帶關係。這是一種藉着民主制度的協助催生出來的"制度化寄生

2　受重重法規所害。——譯者
3　可是他們的生產力沒有因此而提高。——譯者
4　試想想香港六、七十年代或十多年前中國大陸的山寨廠，在沒有甚麼監管下如何蓬勃發展，為低下階層提供多少工作機會。——譯者

主義"。

好大喜功。正因為政客和官僚無法真正改善社會狀況,政府唯有定期推出大型項目,企圖扶助一些夕陽行業,或希望達成一些崇高的目標。可是這樣的行為只會增加問題,而且結果總是超出預算,無一例外。試想想教育改革、醫療服務改革、基建項目和能源項目,例如美國的乙醇計劃或歐洲的海上風電項目等鬧劇。[5] 甚至戰爭也可以被看作"公共項目"[6],由政府來承擔,成為政府轉移國內問題視線的工具,激起公眾對政府的支持。同時,可為低下階層創造就業機會,並把暴利直接輸送給友好的大企業,從而令這些大企業反過來贊助政客們的競選活動,並在這些政客落選時,為他們提供一官半職。(不用多說,政客自己從不會參與由自己挑起的戰爭。)

福利主義。那些被委派去消滅貧困和不平等的政客,通常覺得自己擁有神聖職責,需要不斷推出新的福利政策(和徵收新稅收項以支付開支)。這不僅符合政客們的自身利益,而且對那些負責實施方案的公務員也有好處。現在,福利開支佔了大多數民主國家政府的總支出很大部分。在英國,政府在福利上花費了三

---

5 關於美國奧巴馬新能源項目所引起的笑話,可在網上輸入關鍵詞"Solyndra"查考,在此不贅。—— 譯者
6 即刺激經濟方案。—— 譯者

分之一的預算。在意大利和法國，這一數字接近 40%。許多社會組織（如工會、公共養老基金、政府就業機構）都有意維護和擴大國家的福利。典型的民主政府運作方式，是它不去提供選擇，也不與人民締結合約。每個人都被迫支付大額的失業保險金和社會保險金，但沒有人知道自己將來有沒有機會享受這些福利。他們所支付的供款早已給政府花掉了。正在面臨崩潰的社會保障制度，就是這種揮霍態度最突出的例子。請謹記，福利並不只給了"弱勢社羣"，很多"福利"都流向了富人，例如美國用了 7,000 億美元來挽救破產的銀行（後來銀行高管都向自己派發優厚的花紅獎金）。

表 2.1：不斷擴張的國家福利

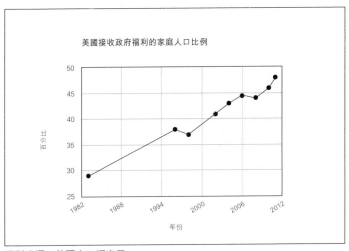

美國接收政府福利的家庭人口比例

資料來源：美國人口調查局

反社會行為和罪案。民主福利國家鼓勵人民不負責任和反社會的行為。在一個自由社會裏，如果有人胡作非為、不能信守承諾、漠視他人利益，就會喪失朋友、鄰居和家人的幫助。然而，我們的福利政府告訴他們：如果沒有人願意幫助你們，讓我們來出手吧！因此，人們的反社會行為反而得到獎勵。當他們習慣了政府為他們提供一切，他們開始貪圖別人所賺的血汗，不再想為自己工作謀生。更糟糕的是，僵化的勞動法（以及反歧視法）使僱主難以革除工作表現不濟的員工。[7] 同樣，政府法規令它幾乎不可能驅逐誰胡作非為或表現不濟的學生或老師。在公共屋邨項目中，政府很難驅逐那些滋擾鄰居的住客。因為有反歧視法例，夜店不能拒絕招待行為不檢的人。更差的情況，是政府往往以巨額金錢資助這些反社會團體，例如足球流氓。因此，沒品的行為受到政府嘉獎和鼓勵。

平庸和低水準。任何社會裏，由於大多數人往往比社會上成功和能幹的成員貧窮，所以在民主國家中，政客無可避免地受到需要重新分配財富的壓力——拿富人手上的財富分給窮人。如此，企業的成功與成就便需接受累進稅的懲罰。因此可以預期，民主社會會出現人口平庸化和文化水平降低的趨勢。當社會由大

7　意味着沒有僱主敢嘗試僱用這批拿慣了福利的人。——譯者

多數的人來話事，平庸便成為常態。

不滿的文化。在民主社會裏，私人糾紛不斷演化成社會矛盾。這是政府介入所有人際和社會關係的緣故。從質素低落的公立學校到小社區的騷亂，所有不如意的事件，都可能升級成為全國性（甚至國際性）的議題，而政客必須找到一個解決良方。每個人都覺得自己有權利把其世界觀強加到別人身上。那些覺得受了委屈的羣體就會發動羣眾封鎖道路、組織抗議或罷工。這些情況給人民帶來沮喪和不滿的感覺。

短視主義。在民主制度內，政客的原動力沿於渴望連任。因此，他們的視野通常不會超過下次選舉。此外，由民主選舉產生的政客，正運用不屬於他們，卻只是暫時讓他們託管的資源，他們在花別人的錢。這意味着他們沒必要對自己的行為小心，也不用思考未來。基於這些原因，短視的政策在民主國家成為主流。一位荷蘭的社會事務部前部長（Minister of Social Affairs）曾經說過："政治領袖管治時不能抱有選舉包袱，如此他們才能有長遠的眼光。"可是，這當然正是他們做不到的事。正如美國作家法里德‧扎卡利亞（Fareed Zakaria）在接受記者採訪時說："我認為西方世界正面臨一場真正的危機。你看到每個西方社會根本上無法做好一件事，就是以短期陣痛換取長遠利益。每當政府試圖提出一些需要面對陣痛的方案時便會遇到反抗，而反抗幾乎總會成功。"在民主體制底下，人民佔人便宜的行為會被鼓勵，而因為政客只是暫時掌權，他們的行為像租戶多於業主[8]，這樣的結果不會讓人意外。人們對租回來用的東西，其長遠保養的細心思慮當然不能和擁有人相比。

事情為何越來越糟

理論上，人們可以投票支持不同、主張少一點官僚和浪費的制度。但實際上，這是不可能發生的，因為有太多既得利益者希望保持現有制度。隨着政府日漸龐大，既得利益羣體也一同膨脹。正如著名奧地利經濟學家路德維希·馮·米塞斯（Ludwig von Mises）指出，官僚架構會出盡一切力氣以制止改革發生。"官僚不僅是政府的僱員"，米塞斯寫道："在民主制度的憲法下，官僚本身也是選民，因此亦是國家主權的一部分，所以他也是僱主。他擁有一個特殊地位：同時擁有僱主和僱員身份。再者，他們作為僱員身份所擁有的金錢利益，遠遠高於他們作為僱主的利益，因為他們得到的公帑遠超過他們作為僱主的貢獻。這種雙重關係隨着公務員編制越來越多而變得更加重要。既是官僚又是選民的身份，令公務員更渴望加薪而不是為平衡政府的預算。他們的主要關注是令工資上升。"

8　租戶和業主對待同一個物業的心態如何不同，讀者可自行思考。——譯者

經濟學家米爾頓‧佛利民 (Milton Friedman) 把花費劃分為四種類型。第一類是自己的錢自己花，這樣人們會有動力計算所花的錢是否值得和是否有效。這通常是私人層面花錢的態度。第二類是自己的錢花在別人身上，例如請別人吃飯，你肯定會關心所花費的金額，但對質量未必太感興趣。第三類是當別人的錢花在自己身上，例如當你吃午飯卻可以向公司報銷，你會發現沒有節儉的意慾，但你會嘗試努力挑選最好的午餐。第四類是別人的錢花在別人身上，那麼你便沒有關心質量和成本的理由。而這是政府一般花費稅收的態度。

縱然構成了長遠禍害，但政客們很少需要為他們實施的壞政策負責。他們因為抱有良好意願而且計劃又獲得短期成功而得到讚許。不過，長期的負面後果（例如，需要償還的債務）將由他們的繼任人承擔。相反，政客很少有意願推行一些效果會超越他們任期的項目，因為功勞只會留給未來的領導人。

因此，民主政府總是入不敷支。他們會通過提高稅收來解決問題，但因為加稅往往引來人民的怨恨，所以他們想出 "更好" 的方法，就是通過發債或逕自印鈔。（請注意，政府往往向關係親密的銀行借貸，然後當這些銀行因借貸過多陷入危機時，政府就會作出拯救。）政府很少削減自己的預算。當他們談及 "削赤"，他們只不過是把支出的增長放緩。

當然，印鈔會導致通貨膨脹，意味着在人們的儲蓄會不斷貶值。借貸導致國債上升，也令下一代需支付利息。目前，世界上幾乎所有民主國家的公債已經大得不能償還。更糟的是，一些社會制度，像養老基金，在"政府債券是穩健的長遠投資"的前提下，已經購買了大量政府債券。這根本是一個殘酷的玩笑。許多把錢投放到養老金的人，將永遠得不到回報，因為這些養老基金早已經被政府揮霍一空。

然而，儘管民主帶給我們這些問題，但我們仍然希望並相信，在下次選舉後，一切都會改變。這讓我們陷入了一個惡性循環中：民主制度沒有實現承諾，人們變得沮喪並渴望改善，政治家再進一步吹噓自己的諾言，人民的期望被捧得更高，不可避免的失望變得越大，等等。民主國家的選民都像酗酒的酒鬼，需要喝越來越多的酒以醉倒，每一次循環造成更大的後遺症。本來結論是他們應該戒酒，可是他們卻想喝更多。他們完全忘記如何照顧自己，也不能夠再掌管自己的生命了。

為何我們需要更少的民主

我們面對的問題是，由於社會累積不滿和政治經濟制度不穩，這種情況還能持續多久。很多人意識到制度出現了問題。政客和輿論領袖對分裂對峙的政治形勢、選民的善變、膚淺和譁眾取寵的傳媒發出哀嘆。市民抱怨政客漠視他們的訴求，政客沒有兌現承諾，國會也活像一場小丑戲。然而，他們卻把問題歸咎於政客和枝節的問題如移民或全球化上，而忽略了民主制度本身固有的缺陷。

現在，沒有人能知道真正的出路。每個人都像被困在民主制度的框框內。人們能想到唯一的"解決方案"的是"更多的民主"，即更多的政府干預。年輕人喝酒太多嗎？那提高法定飲酒年齡吧！慢性病患者在療養院被忽視嗎？那委派更多政府督察員吧！缺乏創新嗎？那成立政府創新局吧！孩子在學校學得太少嗎？那給他們更多測驗吧！罪案率在上升嗎？那設立一個新政府部門吧！規範、禁止、強迫、勸喻、監控、檢測、縱容、改革，以及最重要的：用錢解決問題。

而如果這一切都沒有用，怎辦？最後，社會便會要求偉大的領袖出現，一個能杜絕所有紛亂要求，提供法治和秩序的強人。這樣的訴求有一定的邏輯。如果一切都要由政府來調節，那為甚麼不要求一個仁慈的獨裁者（benevolent dictator）來擔當？除去無盡的紛爭、議而不決、爭吵、低效率。但這將是與虎謀皮。我們會得到法治和秩序，這是事實 [9]，但社會將付上自由、活力和增長的代價來換取。

幸好，世上還有其他方法，儘管許多人可能覺得難以想像。

9　誰說極權國家沒有秩序？──譯者

該方法是：更少民主，裁減政府規模，更多個人自由。

　　這種自由主義的理想在實踐起來究竟會如何，就是本書最後一部分的主題。

第三章

迈向新自由

如若我們以為社會所面臨的問題，可以用"更民主"來解決，這只是一種錯覺。更何況，民主亦談不上是所有制度中最好的。

　　民主起源之初，政府規模相對較小。不過隨着一個半世紀的發展，所有民主國家的政府都大幅膨脹。這也導致了一種情況，我們不僅要擔心了政府的膨脹，我們甚至要憂心身邊的選民會透過投票箱來奴役我們。

　　我們社會對民主制度的盲目崇拜並非一向如是。事實上，這是一個挺新的現象。讀者可能會很驚訝，但美國的開國元勳——例如本傑明・富蘭克林（Franklin Benjamin）、湯馬士・傑佛遜（Thomas Jefferson）和約翰・亞當斯（John Adams）——都毫無例外的反對民主。本傑明・富蘭克林曾說："民主，是兩隻狼和一頭羊在投票以甚麼來作午餐。"而他補充說："自由，是一頭武裝起來的羊在對抗投票的結果。"湯馬士・傑佛遜亦形容民主"不過是暴民統治（mob rule），51% 的人拿走其餘 49% 的人的權利罷了。"

　　開國元勳們並不孤單。大部分 18 世紀和 19 世紀的古典自由主義和保守主義知識分子都反對民主，其中包括一些著名的思想家，如阿克頓勳爵（Lord Acton）、托克維爾（Alexis de Tocqueville）、沃爾特・白芝浩（Walter Bagehot）、埃德蒙・伯克（Edmund Burke）、詹姆斯・庫珀（James Fenimoore Cooper）、約翰・

斯圖亞特・米爾（John Stuart Mill）和湯馬士・麥考利（Thomas Macaulay）。著名保守派作家埃德蒙・伯克説："這一點我敢肯定，在民主制度下，佔大多數的人便能殘酷地壓迫佔少數的人……而這壓迫會隨着越來越大的怒火，擴大至更多人，以王權統治者的角度來看他們幾乎一定可以理解。"

英國著名的自由主義思想家湯馬士・麥考利，表達了類似的看法："我一直深信純粹民主遲早會破壞自由或文明，或兩者都被破壞。"埃里克・馮・屈內爾特・勒丁（Erik von Kuehnelt-Leddihn）在他於 1951 的著作《自由或平等 —— 我們時代的挑戰》（Liberty or Equality）中便指出，上述關於民主的思想在當年是完全可以被接納的。

不過 19 世紀末至 20 世紀，古典自由主義的觀念漸漸退出主流，取而代之的是人們對集體主義的信仰，當中的意念是個人必須服從羣體。自由主義被各種形式的集體主義取代 —— 共產主義、社會主義、法西斯主義和民主，後者更成為了人們心目中的自由。但是，正如本書前述，把 "民主等同於自由" 是完全錯誤的想法。就如許多古典自由主義思想家所理解的 —— 民主，其實也是一種社會主義，只不過以相當聰明的形式來表達和執行。而最後，我們還享受着剩下了的自由，是因為西方還吃着古典自由主義傳統的老本，而不是因為民主。

不過，這個古典自由主義的傳統亦面臨着巨大的壓力。隨着一代又一代的人成長在民主的文宣洗腦下，我們自由的傳統正逐漸被蠶食着。現在，當女性要求在董事會有相應配額、當政府於酒吧實施禁煙，或決定我們的孩子在學校應該學甚麼，沒有人會再感到驚訝。其實，不是每個人都同意這些意念，但每個人都理所當然地認為政府應該決定這些事情。縱使政府干擾着我們生活中最微小的細節，但是幾乎沒有甚麼反對聲音。因為沒有任何原則來反對這種概念 —— 即由 "民主" 決定我們要怎樣生活的觀念。

權力下放和個人自由

推行民主以外的制度可行嗎？若一個社會，沒有凌駕一切的政府，亦不需依從多數統治，這樣一個自由和諧的社會，有可能嗎？

當然可以。如果我們不想陷入專制和發展停滯，就有迫切需要來推行這種民主以外的制度。西方世界需要一個新的理想模式。這個理想模式要把社會活力、個人自由與社會和諧結合起來。

這樣的理想是可以實踐的，並非烏托邦。首要做的事是減少政府的各種干涉。人們需要重新掌管自己的生活和勞動成果。沒有擾人的規則和稅款，人們自然會締造安全、宜居和可持續發展的社區。為甚麼人民不能夠花自己的錢購買自己想要的保險、醫療和教育服務呢？如果他們這樣做，天會塌下來嗎？[1] 為甚麼政府要通過稅收拿人民的錢來幫他們作出決定呢？人們必須要為自己爭取自由選擇的權利，按自己的心意來解決問題，無論是獨自解決還是（可能更多時候）與人合作。如果沒有合作，社會便不可能有秩序和繁榮，但合作必須在自願和相互同意的基礎上進行。

人民必須重新掌握自己的勞動成果。他們必須有自行創建社區的自由，這些社區可以是 —— 有濃厚宗教色彩的、共產主義的、資本主義的、民族性的⋯⋯悉隨尊便。如果是居民的意願，這些小社區本身也可以用 "民主" 投票的方式管理[2]，當然不以民主方式管治也不是問題。[3]

社會管治的市場

諾貝爾經濟學獎獲得者米爾頓・佛利民（Milton Friedman）的孫兒帕特里・佛利民（Patri Friedman）曾經說過："政府有非常高的壁壘。事實上，你只有贏得大選或發動革命，才能嘗試使用新的模式來營運政府。"

1　當然不會，但對某些從政府拿到好處的既得利益來者說，可真的是天塌下來。—— 譯者

2　小社區的民主，不是目前世界普遍存在的全國性議會民主。—— 譯者

3　載客量幾千人的大型郵輪，就不是以民主一人一票方式管理。—— 譯者

政府之間的選擇和競爭的確是很缺乏的。既然人們認為私人企業之間的競爭很重要，亦期望自由市場裏的汽車業、服裝業、保險業和其他行業會有不同的供應商。那麼，為甚麼沒有一個讓政府之間相互競爭的"治理"市場，讓人民可以輕易搬到另一個政府的轄區下生活和工作呢？目前，人們可以搬到另一個城市，但由於大多數稅收和法例都來自聯邦政府，搬家也是徒勞無功。但為了獲得不同的政府治理，人們就要被迫移居國外的話，這樣的障礙實在太大。

我們知道，私人企業有一種壟斷和合謀的傾向來減少競爭。但政府也有這種傾向，政府的權力都集中在華盛頓或布魯塞爾（歐盟總部）便是一證。在自由市場裏，人們總能夠開辦新公司，以挑戰現有的壟斷和合謀聯手的舊企業。這就是私人的壟斷往往是短暫的原因。當壟斷者叫價過高或濫用自己的市場支配地位時，它就鼓勵了其他的公司進場與它競爭。

在國家的管治上這種競爭是缺乏的。像真正的壟斷者一樣，政客不希望在管治上競爭。他們喜歡所有的事情都在中央層面作決定。他們會說："非法移民只能在歐盟的層面才可以解決"，或者："債務危機只能靠國際社會解決。"或者說："恐怖主義只能通過一個強大的中央機構處理。"不過，世上還有許多小國並非"跨國集團"的一部分，並且不遭受經濟危機和恐怖主義的威脅。同樣，我們會相信，教育、醫療、金融、社會保險，等等，都要在國家級的層面才能協調和控制。但是，這種想法是不合理的。

權力下放會令社會中的許多羣體得益。如果可以地方自治，激進派思想家就可以把他們的思想付諸實踐，保守派思想家也可以如此，卻又不用強迫別人去改變自己的生活方式。人們可以根據他們的夢想發展一個嬉皮士的生態社區 —— 當然要自負盈虧。如果一個宗教社區希望區內商店在週日休息的，也大可以這樣做。一刀切變成多餘和不必要的。與全國性的民主制度不一樣，權力下放是一個"自己生活也讓別人生活"的制度。因此，要讓許多國家都這樣綻放的發展。

多元化的管治意味着人們可以按他們喜愛的制度生活。如果他們希望體會不同方式的治理，他們可以去其他的縣市。這種競爭保證了統治者須承擔責任。但如果一個選民的影響力僅限於四年一次的選舉，這就很難做到。即使只有佔少數 [4] 的人民真的移民到另一個地區，當地的地區領袖都會有強烈動機提升管治質素。

如果不是一切都由中央決定，各地區就可以按自己的情況和喜好決定管治方向，例如，某區域可以選擇降低稅收和監管以刺激經濟活動。美國歷史學家湯馬士 · 伍茲（Thomas E. Woods）就指出，西歐發展出政治自由就是因為封建制度下出現了分權統治。許多小型轄區的出現使人民在遭受壓迫的地方逃跑到較自由

4　　例如兩成。——譯者

的地方，專制的統治者也被迫允許更多的自由。

瑞士的權力下放

瑞士的例子早已證明了權力下放的良好效果。人們通常認為規模和中央集權會帶來繁榮和多種好處。然而，瑞士，既不是北約也不是歐盟的一員，證明並非如此。有着近 800 萬的人口，大約相等於美國的維珍尼亞州的人口，其管治架構是高度分散的。26 個州縣（cantons-counties）互相競爭，享受很大的自主性。各州曾一度是獨立的主權，有些少於 5 萬居民。另外，瑞士有近 2,900 個地區城鎮 —— 最小的只有約 30 個居民 —— 城鎮的數目比大多數其他歐洲國家更多。瑞士的所得稅（income taxes）主要是支付給市和州，而不是給予聯邦政府的。市政府和各州在稅務和法規上有很大的分別，從而爭取公民和企業的青睞。

眾所周知，瑞士是一個非常成功的國家，在世界上人均壽命、就業、生活和繁榮方面都屬於頂級的。她是世上少數超過一個世紀也沒有經歷戰爭的國家。儘管擁有四種法定語言（德語、法語、意大利語和羅曼什〔Romansch〕語），卻是一個很和諧的社會，與比利時的情況形成鮮明的對比：比利時裏說荷語的弗拉芒人（Flemish）和說法語的瓦隆人（Walloons）因利益衝突而關係緊張，一直使國家面臨分裂的巨大威脅。當弗拉芒人在抱怨須接濟較貧窮的瓦隆人時,瑞士人就因他們的權力下放,沒有出現這樣的矛盾。

當然,瑞士也是民主國家,但該國家由這麼多和細小的民主單元所組成,令她避免許多全國性議會民主制的負面影響。

瑞士還展示了州與州之間的分治如何減低當地的緊張政治局勢。在 20 世紀 70 年代,伯恩州(Bern)中講法語的居民認為在以德語人士為主的議會裏沒有被充分代表。因此,在 1979 年法語社區成了侏羅州(Jura),跟伯恩州分治。數個世紀以來,瑞士國內不同種族和語言羣體之間的糾紛都是以這種方式得到和平解決。由於瑞士各州和社區規模小,人們不僅可以在投票箱投票,而且若他們不滿當地政府的管治,還有另外的選擇 —— 遷移到其餘的社區。這樣一來,競爭下好政策會取代壞政策。

我們雖提倡瑞士模式,但並不意味這模式是完全理想或是唯一的選擇。她只是一個例子,顯示了權力下放的效果如何,以及她如何導致較低的稅率和更大的個人自由。我們也不是說小社區式的民主就一定是好事。因為民主必須少數服從多數,由三個人組成的民主體制也可以是一種壓迫,跟一個有 1,000 萬人口的民主國家擁有一樣的禍害。

重點是,人民有權選擇自己居住之處的政府規模和管治方式,並不一定要擁有民主體制。列支敦士登(160 平方公里)、摩納哥(2 平方公里)、杜拜、香港(1,100 平方公里)和新加坡(710

平方公里）都不是議會民主地區。但是她們的成功，代表了"小即是美"。

有人可能會認為，擁有退出政府和分權自治的權利會導致衝突。但是，這想法是不合理的。試想想自由市場如何運作。每個人都有創業的權利。儘管如此，大多數人都選擇成為僱員而非創業，這種合作帶來各方的利益，這道理也適用於國家。人們可以選擇獨處，但大多數人還是會選擇羣居。而各個社會之間也會發現合作的好處。當然，規模經濟可以降低成本，但是在人們都可以作自由選擇的情況下，才能決定甚麼規模最為有效。

分而治之並不一定會導致全面的行政自治。任何從中央到地方政府的權力下放都可稱為政治上的分治。這可以是一種可取的方法，讓全國性議會民主過渡到真正分治。

怎麼可以做到這種效果呢？這可以參考中國政府在 20 世紀 80 年代和 90 年代創建的經濟特區（例如深圳）作例子。這些地區只有少量監管[5]，既允許外國投資，又為中國其他省市樹立了自由的榜樣。而杜拜也建立了一些只有少量貿易和勞工法規的自由貿易區。這樣的經濟自由區域可能是政治自由區的模型，從中人們可以嘗試不同的管治方式。

5　　相對於內地而言。——譯者

契約社會

人們通常認為，如果政府沒有提供的東西（如資助歌劇藝術，或老人護理），就不會存在。但這像是前蘇聯人民的心態：如果政府不再照顧我們，怎辦？當年美國經濟學家米爾頓‧佛利民訪問共產黨統治下的中國時，中國官員問他美國的自然資源部部長在哪裏。當佛利民告訴他們美國政府沒有這個職位時，那些官員都難以置信地盯着他。他們無法想像，生產和原料配送怎可能沒有政府的控制。

過去，人們無法想像沒有皇帝的世界會變成怎樣，總期望着皇帝為子民籌算。我們現在也是如此看待政府和民主制度。今天，人們很難想像在未有民主之前，人民如何可以接受皇帝的權威。但奇怪地，他們卻可以接受由多數人當權的社會[6]而沒有嘮叨。

然而，每天我們都看到無須靠強迫的自發組織運作良好。在許多人的意料之外，他們沒有想到《維基百科》、互聯網的成功是無政府，甚至沒有中央操控的。但它就是運作良好。整個互聯網就是在沒有中央管理的情況下，靠眾多的獨立組織、個人和技術協同組成的。在萬維網（worldwide web）開始的時候，很多人根

6　　權力有時可以比皇帝更大。——譯者

本不能相信互聯網沒有擁有者，而是基於數以千計的組織和個人之間的自願安排（互聯網服務供應商、企業、機構），每個成員都控制着網絡的一小部分。

事實上，我們理想和自由的社會將是以類似互聯網的模式運作。好像互聯網，只須一些簡單的規則，剩下的就是開放給大家以他們認為合適的方法參加，而主要的規則是通信須經由 TCP/IP 協議進行。在此基礎上，數以百萬計的企業、組織和個人就可以自由地做自己的事情——成立自己的域名、提供服務和以他們希望的方式交流。人們還可以在現行的 TCP/IP 再啟動新的協議，看看別人會否跟隨他們。他們可以開始提供新的服務以找尋新客戶。這種多元、自由和自發的組織在互聯網上已被證明可以運作得非常好。

同樣地，在自由社會，主要的原則是，不欺詐、非暴力和不偷盜。只要人們堅守這個規則，他們可以提供任何服務，包括許多現在被視為"公共"的服務。他們還可以建立自己的社區，採用他們認為合適的體制——君主制、共產主義、保守主義、宗教性質的，甚至專制的，只要他們的"客戶"能自願參與和不干涉別人的社區。而這些社區可以小到只有 10 人或大到 100 萬人（注意，有私營的公司，像沃爾瑪就有 200 萬名員工。）

這樣的制度下會產生很多個不同的行政單位。如果某單位有甚麼政策令人民不滿，人民能夠隨時遷徙到其他單位。因統治者也深知人民不僅是偶爾有權投票的選民，而也是顧客的時候，統治者就要表現良好以挽留人民。就像市場一樣，如果客戶不喜歡某家麵包店的出品，他們不用組織街頭抗議活動來影響店主，只需去另一間麵包店便是了。

細小的社區內，人民的相處更有可能是建基於明確的私人協議，甚於通過投票的影響力。在美國和其他的民主國家，人民和政府沒有契約列名它們各自的義務，例如政府會提供甚麼服務和其成本。想想社會上的一些問題，如養老金、醫療保健、教育、津貼、勞工法例等等。人民只有模糊不清的納稅和守法的義務，而政府也沒有清楚列明提供服務的責任。無論選舉結果如何，政府也能隨時修改規則。這造成相當大法理上的不確定性。你可能已經支付了多年的養老供款，預期退休後你會收到一定的收益。然而，政府可以隨時改變這筆收益的數額。或者你以為租出去的房子能在某個時間中止租約，可是政府突然有新的決策，令租賃期的長度有所改變不能隨時中止。[7]

一個得體的社會應依從和尊重契約合同上的各方利益。其中最重要的，是為政者不能隨意改變遊戲規則。而且這些合同也不是一刀切的。就像一個公司內的員工，不同的市民可以有不同的合同，取決於他們居住的地方或工作領域。

---

7   例如政府突然實施租務管制，業主收入突然失預算，就是一例。——譯者

走向自由之路

　　如果科技進步是未來發展的一個指標，那麼上文提及的權力下放，所面對的前景是光明的。一項技術的發明，如汽車解放人類的流動能力。避孕藥的發明，就給予人們更多性自由，女性也更能掌控自己的生活。互聯網的普及，結束了統治精英在傳統媒體的壟斷。現在，每個人都可以發佈新聞消息，向世人發放自己的想法或開始在互聯網上銷售產品。

　　事實上，相對我們目前所擁有的民主制度[8]，科技本身才是真正使人民自己作主的力量。目前民主制度賦予多數人統治少數人的權力，而科技則傾向提高個人自主的能力。民主制度削弱個人的自主權，科技則令個體有更大能力。科技促使權力下放於人民，減少作為中間人的政府官僚，在通訊、金融、教育、媒體和貿易方面的干預。而且，由於自由市場使科技的成本日益下降，即使是最貧窮的人也能增強他們掌握自己命運的能力。現在，甚至非洲以百萬計的人都能獲得新機遇，不是因為西方所給予的發展援助，而是基於越來越便宜的電腦和手提電話。

　　因此，人類於上世紀經歷了很大的進步，不是因為民主，而是因為科技和私人企業的發展。電子設備如 iPhone、隨身聽，以

8　　特別是全國性民主議會制度。──譯者

及個人電腦把先進的技術帶入個人範圍，對個人解放作出貢獻。透過服務如 Facebook，每個人都可以選擇他們心儀的社會環境，甚至可以跨越國界、脫離政府干預。此外，英語發展為一種國際語言，和交通費的下降，使世界變得更小，搬遷到其他國家變得更為容易。

這一切都意味着政治管治上的競爭或可順利地進行。已經有越來越多人選擇到心儀的地方和治理環境下工作或過活，有數以百萬計的人在國外生活或工作。如要符合上述的趨勢，應該發展為一個擁有許多小型政府的世界，而這些小型政府亦應各有特點。這些小型政府可以根據各自的優勢，從而選擇在某些問題上進行合作，如在能源、移民、運輸等。它們還可以在國防上合作，特別是某個大國企圖令這些小型政府消失時尤為重要。經濟的成功和創新的社會最有可能發現到這些聰明的方法來對抗侵略行為[9]。

新科技甚至允許創造全新的國家。上文曾提過的帕特里·佛利民，他有份創立的一個海上浮城（Seasteading）組織，正努力在國際水域上建造人工島。相對現有政府的固有形式，這些島嶼可以為人類提供出路。

為了實現權力下放，我們目前的政治體系需要根本性的改

9　如果有興趣知道納粹德國為何不在二戰侵略小國瑞士，可在互聯網搜尋。——譯者

變，但他們並不如許多人所想般困難。龐大的政府官僚架構可以拆除。教育部、衛生部、社會事務部、經濟事務部、農業部、外交部、對發展援助部和財政部都可以廢除。一個社會只需要基本的公共服務，以確保法治和秩序，和應對環境問題就夠了。

福利國家制度可以被私人保險制度取代。這將給予人民自由和安全。他們可以單獨或集體地通過工會或公司投保。我們應該清楚，目前的國家保險制度不斷被政府任意修改。政府的承諾往往不能兌現，隨時受政客的反覆無常而改變。這情況必須停止。而對貧困人士的關心和支援可由社區提供。

由政府控制的金融體系應該廢除，使政府不能再侵蝕我們的財產價值，亦不能再引起金融波動。這樣，一個公平的國際金融市場將會產生，不會再由強大的政府和政府相關金融機構所操縱。

總之，大型的民主民族國家要讓位給小型政府，讓人民自己選擇如何塑造他們的社會。凡事盡可能在社區層面最低的行政級別決策。

如果這意味着歐盟的末路，那就更好了。歐洲的政客總喜歡描繪歐盟瓦解的末日景象。但一些國家，如挪威和瑞士從未加入歐盟，它們自己都做得非常好。

有人如此反駁，歐盟確保了歐洲國家之間的自由貿易。如果這是它唯一達成的任務當然好，但它還幹了許多其他的事。例如

由布魯塞爾 [10] 創立的 "內部市場" 與經濟自由完全無關。反之,歐盟以溫水煮蛙式來推行的法例和規管卻限制了經濟自由。一個超級強國正被創建,她將扼殺人民和企業的自由。歐盟代表了權力下放的對立面 —— 它是一個中央集權體制的縮影,一個被無能官僚主宰的龐然大物,它對個人自由的威脅比國家民主制度更甚,越早廢除越好。

一個光明的未來

從許多層面來看,未來是光明的。人類已經積累了大量知識和巨大的生產能力 —— 足以為世界上每一個人創造繁榮。

此外,在 20 世紀,血腥的共產主義和法西斯政權的崩潰,例如前蘇聯、中國和其他國家 [11],世界傾向追求更多自由。大批的人已獲得更多的個人和經濟自由,邁向更大的繁榮和安樂。其他人也起來反對獨裁和要求更多的自由。這個趨勢沒理由不延續下去。

許多人可能很難想像沒有民主民族國家的生活會如何,但類似的劇烈變化在過去亦曾發生。琳達和莫里斯·坦尼希爾(Linda and Morris Tannehill)在 1970 年他們支持古典自由主義和反對民主的著作《市場的自由》(*The Market For Liberty*)中寫到:"想像一下,

---

10　歐盟總部所在。——譯者
11　中國的政權沒有崩潰,只是作出改變。——譯者

一個封建農奴，被法律約束於出生地和他的社會地位，從黎明到黃昏以原始的工具勞動才僅可糊口，還必須把糊口的分給他的莊園主人，他的思想也充滿恐懼和迷信。試想像告訴這個農奴美國於 20 世紀的社會結構。你可能會很難說服他，這樣的社會結構竟然可以存在，因為你跟他描述的一切，他會用自己身處和認識的社會背景來理解。他會告訴你，還毫無疑問地會帶着一絲得意地說，每一個人都應有一個特定和永久固定的社會地位，否則社會情勢會迅速惡化引起混亂。同樣地，跟一個 20 世紀的人說政府是邪惡的，因此政府是不必要的，如果沒有政府，我們將有一個更好的社會，很可能引起對方禮貌的質疑……特別是如果這個人並不習慣獨立思考。要想像一個跟自己完全不同的社會始終很難，尤其是一個比目前更先進的社會。這是因為我們已經太習慣目前社會的結構，自然地以目前僅有的眼光來分析更高層次社會的各個層面，導致大圖畫被歪曲成無意義的景象。"

我們相信，民族國家和民主制度共生是 20 世紀的現象，並不屬於 21 世紀。自主和充權的道路將繼續，但不會透過大型的民主政府達成。而是通過權力下放和人民自己的設計，組織起更小的行政單位達成的。

有些人可能會爭論說，大多數人都沒有掌管自由的能力。他們沒有責任或渴望獨立生活。他們應該被人管，這樣對他們更好。但是，這也是用來反對廢除奴隸或婦女解放的相同論點。有人主張，奴隸制不應該被廢除，因為黑人將無法照顧自己 —— 反正，大多數黑人甚至不想要自由。婦女不應該有平等的權利，有人說，是因為她們沒有自食其力的能力和處理獨立生活之所需。但現實證明並非如此。當像保姆一樣的民主政府被廢除，同樣的事情就會發生。當他們被賦予機會，人們會變得出奇地自力更生。當然，他們不會決定獨居，但會按自己的選擇組織團體、公司、俱樂部、工會、協會、特殊利益團體、社區和家庭。

當人們從官僚主義和"民主 —— 大多數人話事"的僵化控制中釋放，他們將以我們不能預見的方式改變世界。如同琳達和莫里斯‧坦尼希爾所說："在一個完全不受政府管轄的社會，社會上許多理所當然的不利因素將會完全改變。這些改變將一個市場從僵化政府（無論是法西斯和社會主義政府）中解放出來，從而產生一個健康的經濟，並大大提升每個人的生活水平。

人們是時候醒來面對事實 —— 民主並不會帶來自由或自主權。它既沒有解決衝突，也不釋放生產力和創造力。事實恰恰相反，民主會製造對立和限制。在中央集權和強迫之下，民主會產生有組織的混亂，而個人自由和沒有中央干預的市場動力則會帶來自發秩序與繁榮。

對於自己，人們更喜歡自由甚於脅迫。他們更喜歡在市場擁有直接選擇權甚於僅僅在投票站表達他的投票偏好。有誰會希望政府為自己選擇汽車而不是由他們自己選擇呢？

現在亦是時候讓人們意識到——他們希望自己擁有自由，也必須給予他人自由。如果別人不享受到同樣的自由，他們的自由也不能持續。而若有人透過民主制度把壓迫強加到別人身上，這人最後也會成為受害者。他們將作法自斃。

　　推動一個減少民主和爭取更多自由的運動，似乎對某些人來說有點可怕。我們都在民族民主國家長大，而不停受到社會主義式民主思想的洗腦。我們一直被教導：我們的社會"已經是世界上最好的"。

　　然而，現實情況並不如意。現在是時候面對這個現實。政府不是一個仁慈的聖誕老人，而是一個自私的、多管閒事的怪物，它永遠都不會滿足，最終更會扼殺人民的獨立性和自主性。而這個怪物是由民主制度的一種觀念所延續的：每個人的生命都需要被大多數人所控制。

　　是時候放棄人民有統治權——故國家有統治權——的想法。要放棄"如果由政府決定我們如何生活和花我們的錢，會比由我們自己做決定更好"的這種思維。要放棄民主的一刀切管治會帶來和諧與繁榮的想法。要放棄我們可以透過民主進行的脅迫而受益的思想。

　　是時候把自己從多數人的暴政中釋放出來。這樣做我們不會失去甚麼，只會失去把我們互相綁在一起的枷鎖。

後　記
自由主義和民主

我們對民主的批判乃從自由主義（Libertarianism）的觀點出發。自由主義是一種基於自主（self-ownership）的政治哲學，即每一個人都擁有自己的身體和生命，及其勞動成果的權利。自主的反面則是由他人統治自己的生命和勞動成果（或者另一種不太現實的可能，就是每個人都互相統治對方）。根據自由主義，這種情況是不公義的。自由主義的原則是基於個人沒有義務犧牲自己以成全集體，那怕是活在社會主義、法西斯主義或民主制度之下。

對於自由主義者來說，個人自由（自主）並不意味個人必然有工作、教育、醫療、住房，或其他方面的"權利"，因為這些"權利"代表他人要有責任提供這些好處。如果一個人被迫犧牲自己成全別人，那並非自由，而是奴役。自由意味着每個人都有權運用自己的生命和財產，只要他不干涉別人的生命和財產。總之，自由主義者反對向別人動用武力。

自由主義公義制度的存在，主要目的是保護個人免遭一切形式的暴力。自由主義者支持由自主原則下所引申的所有自由。例如，我們支持宗教自由、安樂死自由、毒品合法化、言論自由，等等。我們也支持人與人之間交往、合作、自由貿易的權利，即自由市場。

我們相信，個人和羣體有權就如何運用自己的財產制定規則。正如每個人都有權決定邀請誰人到他家，一間酒吧老闆應有權決定酒吧是否容許吸煙，僱主應有權決定公司的衣著守則。如果有任何人不喜歡這些規則，他們可以不光顧該酒吧，或不為該公司工作。

基於這個原因，自由主義反對所有與反歧視相關的法例。這些法例與自由結社的原則相違背。政府法令會說：*你們必須交往！不管你喜歡與否*[1]。相反，自由主義是基於自由選擇，所有關係和交易應是自願的。

歧視是指以不同方式對待。當然，如果某人不想與同性戀者、猶太人、德國人或任何人交往，這是荒謬的。但自由原則是指沒有人需要為他的選擇作出解釋，即使該選擇多麼荒謬。你不需要一個很好的理由來支持你不做某件事。自由主義保障人們做事或不做事的權利，縱使他們的選擇未必得到某些人同意。正如言論自由意味着人民有表達意見的權利，即使別人不認同也好。人民的唯一責任只是避免向別人運用武力。

事實上，反歧視法例就是武力脅迫的一種形式，它們迫使人們違背自己的意願來跟某些人交往。我們應否強制老婦走入暴力少年經常出沒的黑暗後巷呢？我們應否迫使人們跟沒有吸引力的人約會呢？當然不應該。既然如此，政府又有甚麼權利迫使僱主僱用他們不想聘用的人呢？又有甚麼權利強迫夜總會店主招待他們不想見到的顧客呢？作為自由主義者，我們認為政府這樣做不

1　在所謂反歧視法底下，就是你不想和某人做朋友做生意的自由，也受政府干預。
　　——譯者

僅錯誤，還會適得其反。這會導致仇恨與衝突，而非寬容與和諧。

自由主義既不屬"左派"或"右派"，亦不是激進派或保守派。激進派主張政府干預經濟發展，但（有時）也容許合理程度的個人自由。保守派支持政府干預個人選擇，但（有時）也容許合理程度的經濟自由。但雙方有一共通點，是他們均認為個人是隸屬集體和國家的。自由主義是唯一指出集體沒有權利凌駕於個人之上的政治學說。自由主義也是唯一以反對發動武力為原則（即除自衛之外，反對所有武力）的政治學說。基於這一原則，自由主義也反對殖民主義、帝國主義和外國干預。

自由主義並非新發明的哲學，它基於一個古老的傳統。許多17 至 18 世紀的自由主義思想大家之思想，非常接近於當代自由主義的理想觀念。今天，我們稱他們的理念為"古典自由主義"（classical liberalism）以別於現今的"美式自由主義"。[2] "美式自由主義"實在是社會民主制度（social democracy）的一個變種，而不是一種自由哲學。在 19 世紀，自由主義（libertarianism）主要是由一些來自奧地利的"無政府資本家"（anarcho-capitalists）和古典自由主義經濟學家所推崇。而近代一家專門研究自由主義的學院，是位於美國、以著名奧地利自由市場經濟學家路德維希·馮·米塞斯（Ludwig von Mises）來命名的米塞斯研究所（Mises Institute）。

2　liberalism 跟我們上述講的 libertarianism 不同。——譯者

1974 年，米塞斯的學生弗里德里希・海耶克（Friedrich Hayek）獲得諾貝爾經濟學獎。在 20 世紀，另一位最著名的自由主義思想家——來自美國的經濟學家和研究涉足範疇眾多的學者穆雷・羅斯巴德（Murray Rothbard），也是米塞斯的學生。羅斯巴德的著作 *For a New Liberty* 仍可能是至今最佳的自由主義入門書籍。

然而，米塞斯和羅斯巴德從未對民主的現象進行過嚴格的分析。第一位開創先河的自由主義思想家，是旅居美國的德國經濟學家漢斯・赫爾曼・霍普（Hans-Hermann Hoppe）。他於 2001 年出版的著作 *Democracy: The God that Failed* 是目前這一領域的指定讀本。

近年來，某程度上基於霍普的貢獻，越來越多自由主義作家開始關注民主這個理念，但他們對民主的批評大部分都只在各類雜誌或有關自由主義的網站（例如 Mises.org）上發表。據我們所知，批判民主制度的著作仍沒有在主流領域中全面發表。我們希望這本書能填補這一空白。

有關這本書的更多信息，請參閱我們的網站 www.beyonddemocracy.net。關於自由主義的其他信息可以在法蘭・卡斯騰（Frank Karsten）的荷語網站 www.meervrijheid.nl 上找到。

附　錄
名人論民主

民主，是兩隻狼和一頭羊在投票牠們以甚麼來作午餐。自由，是一頭羊武裝起來以爭取選票的情況。

本傑明・富蘭克林（Benjamin Franklin）
政治家、科學家、哲學家，美國開國元勳之一

民主從來不會長久。它很快就會出現浪費、虛耗等現象然後步向衰亡。從來沒有一個民主制度不會自毀。

約翰・亞當斯（John Adams）
美國第二任總統

民主不過是暴民統治，當中 51% 的人拿走其餘 49% 的人的權利罷了。

湯馬士・傑佛遜（Thomas Jefferson）
美國第三任總統

我們相信，社會主義與民主是不可分割的一個整體。

美國社會黨

每次大選都像是一個預售贓物的拍賣會。

門肯（H. L. Mencken， 1880-1956）
美國記者和散文家

如果我們持續採取這種生活方式 —— 當中沒有人願意承擔責任，但每個人都在尋找別人分擔自己的風險 —— 這樣我們又怎能繼續確保社會進步？如果這種狂熱持續下去，我們的社會就會墮落成一個體制，當中每個人都用自己的手掏別人口袋裏的錢。

路德維希‧艾哈德（Ludwig Erhard）
德國前總理和戰後德國經濟奇蹟的締造者

沒有限制的民主政治，就像寡頭政治，只是一種分佈在大量人身上的專制。

亞里士多德（Aristotle）

政府是一部偉大的小説，每個人都透過它奮勇地以損人利己的方式生活。

費雷德里克‧巴斯夏（Frédéric Bastiat， 1801-1850）
法國古典自由主義理論家和政治經濟學家

當人民發現他們可用選票換金錢的時候，便預示着共和國的衰亡。

本傑明・富蘭克林 (Benjamin Franklin)
政治家、科學家、哲學家、美國開國元勳之一

那些要求政府作出更多干預的人，最終是在要求更多強制和更少自由。

路德維希・馮・米塞斯 (Ludwig von Mises)
奧地利經濟學家和著名自由市場捍衛者

當立法機關在舉行會議時，沒有人的生命、自由或財產是安全的。

馬克・吐温 (Mark Twain，1835-1910)
美國作家

民主是人民的意願。當我每天早上在報章上讀到想要的東西時，都感到很驚訝。

維姆侃 (Wim Kan)
荷蘭喜劇演員